许希阳　陈怡　徐新颜　主编

亲近中文

高级写作

APPROACHING CHINESE
ADVANCED WRITING

上海交通大学出版社
SHANGHAI JIAO TONG UNIVERSITY PRESS

内容提要

　　本教材适用于高级中文学习者,涵盖了不同文体的写作教学,包括记叙文、说明文、议论文。本教材具有如下特色:①编写基于"产出导向法"理论;②具有明晰的教学流程,便于老师课堂操作;③凸现学生的写作难点;④提供丰富多样的练习;⑤标注了最新的词语等级;⑥配有教师对作文点评的视频。本教材一共 12 个单元,建议授课课时为64 课时左右。

图书在版编目(CIP)数据

　　亲近中文. 高级写作/许希阳,陈怡,徐新颜主编
. —上海:上海交通大学出版社,2021. 12
　　ISBN 978 - 7 - 313 - 25880 - 9

　　Ⅰ.①亲…　Ⅱ.①许…②陈…③徐…　Ⅲ.①汉语—
写作—对外汉语教学—教材　Ⅳ.①H195. 4

　　中国版本图书馆 CIP 数据核字(2021)第 241720 号

亲近中文：高级写作
QINJIN ZHONGWEN：GAOJI XIEZUO

主　　编：许希阳　陈　怡　徐新颜				
出版发行	上海交通大学出版社	地　　址	上海市番禺路 951 号
邮政编码	200030	电　　话	021 - 64071208
印　　制	上海景条印刷有限公司	经　　销	全国新华书店
开　　本	889mm×1194mm　1/16	印　　张	9.75
字　　数	171 千字		
版　　次	2021 年 12 月第 1 版	印　　次	2021 年 12 月第 1 次印刷
书　　号	ISBN 978 - 7 - 313 - 25880 - 9	音像书号	978 - 7 - 88941 - 516 - 3
定　　价	49.00 元		

前　言

本教材适用于高级汉语学习者，涵盖不同文体的写作教学，包括记叙文、说明文、议论文。本教材一共 12 个单元，建议授课课时为 64 课时左右。

本教材具有如下特色：

（1）教材编写基于"产出导向法"理论。该理论的核心是"输出驱动，输入促成"，即先提供机会让学生输出，学生输出时会发现困难，这时老师进行输入，引导学生带着问题学习输入材料，学习的目的是弥补自身的不足。

（2）教材具有明晰的教学流程，便于老师课堂操作。教学环节的设计环环相扣，具体是"输出练习→范文呈现→针对范文的各类练习→作业→评价"，从而实现"输出驱动，输入促成"的核心理念。

（3）凸现学生的写作难点。立足于学习者的写作难点展开针对性教学，比如书面语意识薄弱，围绕中心意思进行具体说明的能力欠缺，尚未形成语段和语篇的结构意识等。

（4）提供丰富多样的练习。输出性的练习涉及词语、句子、段落、语篇，形式有个人写作和小组合作写作。

（5）标注了最新的词语等级。根据 2021 年教育部语言文字工作委员会发布的《国际中文教育中文水平等级标准》，每一单元后面的词语表中凡是五级、六级、七～九级的词语，都标注了相应的等级，便于学习者识别难度较高的词语。

（6）配有老师对作文点评的视频。教材展示真实的学生作文片段，并配有老师的点评视频，帮助学习者了解作文片段的优秀之处，以及如何修改得更好。

本教材的第七～十二单元有与之匹配的慕课学习网站，读者可以登录"中国大学MOOC"（网址 https://www.icourse163.org/），输入课程"汉语写作进阶"，就能浏览相关内容。慕课中有大量生动、有趣的视频，除了老师点评作文的视频，还有老师与学生课堂互动的视频以及老师分析课文和练习的视频。另外，慕课还提供了学生的优秀作文范例。

感谢读者使用本教材，如果需要练习的答案或者在使用的过程中遇到问题，欢迎随时联系我们，电子邮箱是 xxyang@sjtu.edu.cn。

目　录

第一单元　爱好与性格

教学目标：

(1) 了解如何从不同方面具体说明一个爱好或性格；

(2) 学习有关性格的词语。

一、如果一个人的爱好是打篮球，你觉得可以从哪些方面来写作?

_____

_____

_____

二、小组合作，完成填空练习。

(1) 和高个子同学打篮球时，我跑得比他们快，投球比他们准，抢球也比他们_____。

(2) 每天放学，我放下书包就_____球场，赶着和朋友们_____球技。

(3) 我最得意的是自己身手_____，有时像闪电一样绕过防守队员，把球高高举起，准确无误地投进篮筐。

(4) 每逢自己喜爱的球队比赛，虽然无法到现场观看，作为_____球迷的我总是会身穿他们的队服，守在电视机前为他们加油助威。

(5) 篮球的_____在于永不放弃、永不言败，只要比赛不结束，哪怕是最后几分钟、最后几秒钟，一切皆有可能。

三、阅读范文(一),完成练习。

范文(一)

　　我的爱好是打篮球,虽然身高只有1.75米,不算高,但我篮球打得棒极了! 和高个子同学打篮球时,我跑得比他们快,投球比他们准,抢球也比他们积极。我最得意的是自己身手敏捷,有时像闪电一样绕过防守队员,把球高高举起,准确无误地投进篮筐。我家楼下有一个篮球场。每天放学,我放下书包就直奔球场,赶着和朋友们切磋球技。要是遇上下雨,打不了球,心里就会不舒坦、不踏实。

　　谈起与篮球有关的球队、球星、比赛等,我就变成了一个话痨,滔滔不绝地说个不停。我卧室的墙上则贴满了球星的海报。每逢自己喜爱的球队比赛,虽然无法到现场观看,作为铁杆球迷的我总是会身穿他们的队服,守在电视机前为他们加油助威。

　　对我而言,篮球的魅力在于永不放弃、永不言败,只要比赛不结束,哪怕是最后几分钟、最后几秒钟,一切皆有可能。

1. 分析文章结构。

(1) 第一段写了什么?

_____

_____

_____

(2) 第二段写了什么? 与第一段有什么关系?

_____

_____

_____

（3）结尾起到了什么样的作用？

_____

_____

_____

2. 文章是从哪些方面具体说明"我"喜欢篮球的？

_____

_____

_____

3. 从范文（一）中找出填空练习的答案。

（1）和高个子同学打篮球时，我跑得比他们快，投球比他们准，抢球也比他们_____。

（2）每天放学，我放下书包就_____球场，赶着和朋友们_____球技。

（3）我最得意的是自己身手_____，有时像闪电一样绕过防守队员，把球高高举起，准确无误地投进篮筐。

（4）每逢自己喜爱的球队比赛，虽然无法到现场观看，作为_____球迷的我总是会身穿他们的队服，守在电视机前为他们加油助威。

（5）篮球的_____在于永不放弃、永不言败，只要比赛不结束，哪怕是最后几分钟、最后几秒钟，一切皆有可能。

四、段落写作。

写一段话，字数 150 字左右。

写作内容：某人喜欢做菜的原因。

评分标准：

总分为 5 分

（1）具体说明做得如何（3 分）

（2）语言整体质量如何（2 分）

五、评价学生段落写作。

下面是学生段落写作中的部分内容，请评价哪里写得还不够好，并尝试修改。

（一）

他从小就喜欢吃东西，所以对做菜产生了兴趣，初中开始向妈妈学习做菜。虽然做菜的时间不长，但刀法很好，会做的料理有很多。

评价与修改：

_____

_____

_____

请扫二维码，观看老师对学生作文片断的点评。

（二）

正因为爸爸有几十年的做菜经验，他才不需要为了了解一道菜的制作方法，不断上网查找。同样的一道菜，爸爸总能做出独特的味道。他喜欢与朋友切磋厨艺，分享做菜心得。

评价与修改：

_____

_____

_____

_____

　请扫二维码,观看老师对学生作文片断的点评。

六、下面的句子都是关于人的性格描写,请完成练习。

1. 请根据每个句子的意思写出一个合适的形容词或短语。

(1) _____(看到不认识的人,不好意思说话;上课老师让他发言,会脸红。)

(2) _____(说话有趣,听的人会笑,是大家的开心果。)

(3) _____(不依靠别人,自己能解决很多事情。)

(4) _____(喜欢冒险,遇到困难,不惧怕,敢于尝试。)

(5) _____(很愿意帮助别人,特别是帮助弱者,比如收养流浪狗、去福利院看望老人等。)

2. 请为词语和句子配对。

> 乐观　宽容　执着　慷慨　主动　宅

(1) _____(不喜欢出去玩,喜欢待在家里,在家里看书、看手机、玩电脑游戏等。)

(2) _____(上课时积极思考,问老师问题;如果喜欢一个人,一定会告诉他/她。)

(3) _____(别人有不同的想法,他/她愿意接受;别人做错了事,他/她不抱怨,会试图理解。)

(4) _____(有了目标以后,一直努力做,不管有多大困难,都不轻易放弃。)

(5) _____(对待任何事情,总是往好的方面想。比如,一个人目前没有钱买房,但是他/她认为只要努力工作,以后总可以买得起房。如果以后买不起房,租房也是可以接受的。)

(6) _____(在金钱方面很大方,其他方面也不计较,乐于与他人分享。)

七、阅读范文(二),完成练习。

范文(二)

我的祖父是一个慷慨的人。很多年前他遇到一个无家可归的老兵。老兵热衷于音乐,想成为音乐家,可是经济上有困难。祖父认定他是有梦想的人,让他免费住在自己的家里。5年多以后,那位老兵成为了职业爵士乐手,经济上也有了起色,拥有了自己的房子。

祖父的慷慨还体现在对母校的态度上。每当母校请他帮助,他总是会答应。他对我们说正因为母校的培养,他才有机会实现自己的愿望,成为一名工程师。他在工程方面见多识广,参与了很多工程项目,与多家公司合作。为了感恩,他经常通过演讲或捐款来帮助母校。

以上的例子足以表明祖父是一个慷慨的人。在我看来,慷慨最重要的并不是给予别人多少,而是能想到他人,对社会有所回报。

(1) 第一、二段分别写了什么?

_____

_____

_____

(2) 文章如何具体说明祖父"慷慨"的性格特点?

_____

_____

_____

八、完成句子。

1. 变成(比较:变得 变)

选择词语,完成句子。

(1) 谈起与篮球有关的球队、球星、比赛等,我就_____了一个话痨,滔滔不绝地说个不停。

（2）秋天到了，天气_____非常凉爽。

（3）她_____胖了，去年买的衣服很多都穿不下了。

（4）她本来是个内向的人，进大学参加各种社团活动后，_____

_____。

（5）多年不见，她已经从个子最矮、最不起眼的"丑小鸭"_____

_____。

（6）汉语一开始很难学，学了几个月后，我发现_____。

2. 动词＋"满"

（1）我卧室的墙上_____了球星的海报。

（2）上海大剧院正在上演俄罗斯国家芭蕾舞团的《天鹅湖》，剧场里_____

____。

（3）我爷爷是画家，客厅的整面墙_____。

3. 见多识广

（1）他在工程方面_____，参与了很多工程项目，与多家公司合作。

（2）"90后"这一代人_____。

（3）_____，因此比"70后"更加见多识广。

（4）他比同年龄的同学见多识广，因为_____。

4. 热衷于

（1）老兵_____音乐，想成为音乐家。

（2）微信朋友圈里有不少人_____。

（3）A：为什么有这么多年轻人热衷于网络游戏？

B：_____。

5. 正因为……才

（1）_____母校的培养，他_____有机会实现自己的愿望，成为一名工程师。

（2）正因为_____，我才瘦了10多斤。

（3）正因为是妈妈，_____。

6. "足以"＋动词

（1）以上的例子_____表明祖父是一个慷慨的人。

（2）警方获得的这些证据_____他没有犯罪。

（3）2018 年，克罗地亚队首次打入世界杯决赛，这个消息_____

_____。

7. 认定

（1）祖父_____他是有梦想的人，让他免费住在自己的家里。

（2）我见她的第一面就认定_____。

（3）只要_____，他就不会轻易放弃。

九、请用书面语改写下面句子中画线的部分。

（1）每天放学，我放下书包就直奔球场，赶着和朋友们<u>交流、讨论</u>球技。

答案：_____

（2）谈起与篮球有关的球队、球星、比赛等，我就变成了一个话痨，<u>很有兴趣地一直往下地说个不停</u>。

答案：_____

（3）很多年前他遇到一个<u>没有家</u>的老兵。

答案：_____

（4）那位老兵成为了职业爵士乐手，经济上也<u>好了起来</u>，拥有了自己的房子。

答案：_____

（5）在我看来，慷慨最重要的并不是<u>给</u>别人多少，而是能想到他人，对社会有所<u>报答</u>。

答案：_____、_____

十、大作文(二选一)。

- 我的爱好

- ……的性格(可以是自己或其他人)

写作要求：

（1）从不同方面来写一个爱好或性格特点，这个特点需要具体说明；

（2）使用词语表中词语，越多越好，并画出来；

（3）字数：300 字以上。

> 评分标准：
>
> 总分为 10 分
>
> （1）是否从多方面来写一个爱好或一个性格（2 分）
>
> （2）一个爱好或性格特点是否能具体、充分地说明（2 分）
>
> （3）总体而言，内容是否有吸引力（2 分）
>
> （4）结构是否合理（1 分）
>
> （5）语言整体质量如何（3 分）
>
> 文字评价：
>
> （1）老师最欣赏的一点：_____
>
> （2）什么地方可以写得更好：_____

十一、构思写作提纲。

1. **为课后作业选定的主题写一个简要的提纲。**

   提示：

   （1）打算写几段？

   （2）每段的要点是什么？打算用哪些事例来具体说明？

   （3）段与段之间的逻辑关系是怎样的？

2. **小组内交流提纲，每人为 1～2 位同学的提纲提一些建议。**

   提示：

   （1）爱好的各个要点是否吸引读者？有没有可以补充的内容？/写性格选取的事例
       是否有代表性？事例本身是否吸引人？

   （2）开头、结尾是否吸引读者？

   （3）根据同学的建议修改提纲。

十二、评价学生作业段落。

下面两段选自学生作业，请评价哪些地方写得好以及哪些地方需要修改。

（一）

当我重新开始练武术的时候，感觉武术过难。每天练习回去后，腿疼得上不了楼梯，但教练一直鼓励我："在成功的路上，没有懒惰的足迹。"这句话给我留下了深刻的印象。因此，后来我每天都喜气洋洋地去练武，再也不怕疼了。我坚持苦练、永不放弃，渐渐地我就感到武术没有想象的那么难，关键在于自己已经尽力而为了没有。

> 评价与修改：
>
> _____
>
> _____
>
> _____
>
> _____

请扫二维码，观看老师对学生作文片断的点评。

（二）

祖父工作认真。他信奉"顾客就是上帝"这一信条，他从事自行车和摩托车的销售和维修工作，每天早上九点开始上班，晚上八点才关门。祖父处处为顾客着想，所以许多人都喜欢买他的东西。因为业绩出色，他获得了日本新潟县地区最佳营销奖。他对顾客和蔼可亲，在我们家乡那一带有口皆碑，无人不知。正因为如此，他才被评为模范县民。

评价与修改：

_____

_____

_____

_____

请扫二维码，观看老师对学生作文片断的点评。

十三、复习。

（一）

　　我最得意的是自己身手1_____，有时像闪电一样绕过防守队员，把球高高举起，准确无误地2_____进篮筐。我家楼下有一个篮球场。每天放学，我放下书包就3_____球场，赶着和朋友们4_____球技。要是遇上下雨，打不了球，心里就会不5_____、不踏实。

（二）

　　我的祖父是一个6_____的人。很多年前他遇到一个7无家____的老兵。老兵8_____音乐，想成为音乐家，可是经济上有困难。祖父9_____他是有梦想的人，让他免费住在自己的家里。五年多以后，那位老兵成为了职业爵士乐手，经济上也有了10_____，拥有了自己的房子。

单元词语表

1. 投球（投：HSK 六级词）
2. 抢球（抢：HSK 五级词）
3. 积极
4. （身手）敏捷（敏捷：HSK 七～九级词）
5. 防守（HSK 六级词）
6. 准确无误
7. 直奔
8. 切磋
9. 球技
10. 舒坦
11. 踏实（HSK 六级词）
12. 话痨
13. 滔滔不绝（HSK 七～九级词）
14. 贴满
15. 海报（HSK 六级词）
16. 每逢（逢：HSK 七～九级词）
17. 铁杆球迷
18. 加油助威
19. 魅力（HSK 七～九级词）
20. 永不放弃（放弃：HSK 五级词）
21. 永不言败
22. 哪怕
23. 一切皆有可能（皆：HSK 七～九级词）
24. 慷慨（HSK 七～九级词）
25. 无家可归
26. 热衷于（热衷：HSK 七～九级词）
27. 认定（HSK 五级词）
28. 起色
29. 正因为……才
30. 见多识广
31. 足以（HSK 六级词）
32. 给予（HSK 六级词）

第二单元　留学的困难

学习目标：

(1) 注意文章的整体结构；

(2) 根据指定内容扩写；

(3) 学习如何有条理地具体说明一个困难。

一、个人头脑风暴：留学的困难。

三分钟内写下你能想到的关键词（越多越好）

二、小组头脑风暴：如何写文章主体部分？

要求：为留学困难分类，分三类，每一类写出 2 个例子。

第一类

例 1：

例2：

_____

第二类

例1：

_____

例2：

_____

第三类

例1：

_____

例2：

_____

三、按照指定内容写一段话，讨论如何扩写。

（1）每个人试写一个例子。

（2）小组讨论，每组负责一个例子。请两个小组直接上来，边讨论边写。

● 这段话的第一个句子：留学时遇到的第一大困难是语言问题。

● 需要扩写的内容：

例1：发音不好，别人听不懂我说什么。

如何扩写：

（1）发音不好中的"不好"可以改写成什么词语？

（2）什么时候别人听不懂你的话？

（3）别人听不懂，你有什么感受？

例2：不认识汉字，点菜有问题。

（1）为什么不认识汉字？

（2）不认识汉字怎么点菜？

（3）这样点菜结果怎么样？

四、以"留学的困难"为题，根据指定的内容写一段话。

写作要求：

（1）字数：100 字以上；

（2）必须使用以下词语：

表达	试图	阻碍	相差甚远	口味

（3）根据指定内容写：

这段话的第一个句子：留学时遇到的第一大困难是语言问题。

例 1：发音不好，别人听不懂我说什么。

例 2：不认识汉字，点菜有问题。

五、小组交流好词好句。

每组写两个句子，其中一个句子用了五个词中的一个，还有一个句子用了其他的词语。

表达	试图	阻碍	相差甚远	口味	询问
沮丧	持续	糟糕	体系	不得已	未必

我们组的句子：

第一个句子：

第二个句子：

其他组的句子：

六、学习范文：找出下面词语所在的句子并写下来。

(1) 阻碍：_____

(2) 相差甚远：_____

(3) 口味：_____

(4) 沮丧：_____

(5) 持续：_____

(6) 体系：_____

(7) 不得已：_____

(8) 未必：_____

    留学时遇到的第一大困难是语言问题。首先是发音的问题。我的发音很不标准，出门购物时中国店员或老板往往听不懂我想询问什么，无法理解我要表达的意思，令我感到非常沮丧。为了提高汉语水平，无论是在餐厅、咖啡馆还是公园，我都主动与中国人打招呼，试图与他们展开对话。但不幸的是对话持续的时间通常很短，糟糕的发音阻碍了我与中国人的深入交流。其次是汉字的问题。我们国家的文字体系与汉字截然不同，所以刚来中国时我对汉字完全不了解。点菜时，我看不懂也读不出菜单上的汉字，不得已，只好去那些菜单上配有照片的饭店。不过，上来的菜有时会与照片相差甚远。服务员也会给我推荐一些菜，但未必合我的口味。

七、完成句子。

1. 首先……其次……

(1) 留学时我遇到了不少困难。_____是发音的问题，_____是汉字的问题。

(2) A：如果你是老师，你认为什么样的学生可以算是好学生？

    B：_____。

2. 不得已，只好……

(1) 点菜时，我看不懂也读不出菜单上的汉字，不得已，_____去那些菜单上配有照片的饭店。

(2) 上个周末本来打算去爬山,但我扭伤了脚,_____。

3. 未必

(1) 服务员也会给我推荐一些菜,但_____合我的口味。

(2) 父母是我们最亲的人,但未必是最了解我们的人,因为_____

_____。

(3) 有些人特别羡慕别人买名牌,其实_____。

八、请用书面语改写下面句子中画线的部分。

(1) 我的发音很不好,出门<u>买东西</u>时中国店员或老板往往听不懂我想<u>问</u>什么,无法理解我要<u>说</u>的意思,令我感到非常<u>难受</u>。

答案:_____、_____、_____、_____、_____

(2) 我们国家的文字体系与汉字<u>完全不一样</u>。

答案:_____

(3) 上来的菜有时会与照片<u>很不一样</u>。

答案:_____

(4) 点菜时,我看不懂也读不出菜单上的汉字,<u>没办法</u>,只好去那些菜单上配有照片的饭店。

答案:_____

(5) 服务员也会给我推荐一些菜,但<u>不一定</u>合我的口味。

答案:_____

九、按照指定内容写一段话,讨论如何扩写。

(1) 每个人试写一个例子。

(2) 小组讨论,每组负责一个例子。请两个小组直接上来,边讨论边写。

- 这段话的第一个句子:遇到的第二大困难是健康问题。
- 需要扩写的内容:

例1:不习惯天气、吃的东西→常常生病

例2:看病难→不去医院

例1的具体内容	例2的具体内容

十、学习范文,完成下面的练习。

　　遇到的第二大困难是健康问题。天气方面,上海早晚温差较大,我对多变的天气很不适应,刚来的那段时间,常常感冒、发烧。另外,上海气候潮湿,特别是六月,连续下雨,湿热的天气引发了皮肤病,我全身发痒,痛苦不堪。饮食方面,中国菜过于油腻,容易刺激肠胃,导致频繁腹泻。去医院看病也困难重重,我对中国医院的看病流程一无所知,而且与医生沟通也存在很大的障碍。每当身体不适,我干脆待在宿舍,卧床休息。我懒得去医院,只是服用从自己国家带来的药物。

　　(1) 为什么不习惯天气?

_____

　　(2) 天气→生什么病?

_____

　　(3) 为什么不习惯吃的东西?

_____

　　(4) 吃→生什么病?

_____

　　(5) 去医院看病很难中的"很难"可以改写成什么词语?

_____

　　(6) "一点儿也不知道"可以用什么词语来表达?

_____

（7）"看病第一步→第二步→第三步→……→最后"可以用什么词语来表达？

_____

（8）"和医生说话难"可以如何表达？

_____

（9）看病难，最后怎么样？

_____

十一、完成句子。

1. 连续　持续

选择词语，完成句子。

（1）上海气候潮湿，特别是六月，_____几天一直在下雨。

（2）我和中国人对话_____的时间通常很短，糟糕的发音阻碍了我与中国人的深入交流。

（3）这位歌手的最新单曲深受歌迷喜爱，_____三个月位于排行榜榜首。

（4）学校将于下周举行新年庆祝活动，活动时间和地点将在学校网站上发布，请大家_____关注。

（5）如果_____，你的账户将被锁定，需要带上身份证到银行柜台办理密码重置。

（6）世界各国都要控制人口增长，保护自然资源，开发再生能源，以实现经济的_____。

2. 导致

（1）中国菜过于油腻，容易刺激肠胃，_____频繁腹泻。

（2）假如饮食过量，入睡时难以消化，肠胃不适会_____。

（3）高速公路上发生了一起严重的交通事故，_____。

3. 障碍　阻碍

选择词语，完成句子。

（1）我对中国医院的看病流程一无所知，而且与医生沟通也存在很大的_____
_____。

（2）糟糕的发音_____了我与中国人的深入交流。

（3）自卑是年轻人常有的一种情绪，有很多方法可以_____。

（4）炎热的天气_____，依然有几万名观众来到上海体育场，观看这场世界级的演出。

4. 干脆

（1）每当身体不适，我_____待在宿舍，卧床休息。

（2）现在已经 6 点多了，你就别回家自己做饭了，要不_____。

（3）A：这道数学题实在太复杂了，我已经想了足足一个多小时了！

B：_____。

5. 懒得

（1）每当身体不适，我干脆待在宿舍，_____去医院。

（2）A：你怎么在吃方便面啊？

B：今天有点累，_____。

（3）朋友圈里的信息我觉得没什么价值，_____。

十二、请用书面语改写下面句子中画线的部分。

（1）天气方面，上海早晚温差较大，我对多变的天气很不习惯，刚来的那段时间，常常感冒、发烧。

答案：_____

（2）湿热的天气引发了皮肤病，我全身发痒，难受极了。

答案：_____

（3）吃的方面，中国菜太油了，容易刺激肠胃，导致很多次腹泻。

答案：_____ 、_____ 、_____

（4）去医院看病也很困难，我对中国医院的看病流程一点也不知道，而且与医生聊天也存在很大的问题。

答案：_____ 、_____ 、_____

（5）每当身体不适，我干脆待在宿舍，躺在床上休息。我懒得去医院，只是吃从自己国家带来的药物。

答案：_____、_____

十三、大作文：留学的困难。

写作要求：

（1）文章写四段，中间两段写两类困难，每类困难从 2～3 个方面展开具体说明。

　　具体方法参考范文的两段；

（2）字数：400 字以上；

（3）尽量使用本单元学过的词语，请画出。

参与成员【请注明参与写作的学生名字】

建议：一个人写开头＋结尾，一个人写第二段，一个人写第三段。

第一段写作者：

第二段写作者：

第三段写作者：

第四段写作者：

【第一稿写作区】

在第一稿的基础上，以批注形式修改，并注明修改人名字，写出具体的修改建议。

写作者看到修改建议后，对修改进行评价。

具体修改方法：审阅、新建批注，见下图。

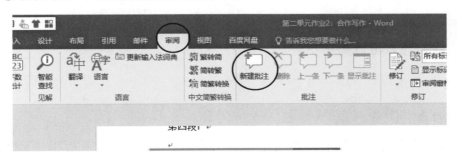

请从语言、内容、结构等方面进行修改。

批注的写法，如下：

修改人：名字

修改建议：

写作者：名字

对修改的评价：

【最终稿写作区】

评分标准：

总分为 10 分

(1) 结构是否完整、合理（四段、两类困难）（1 分）

(2) 每类困难是否分 2～3 个要点具体说明（2 分）

(3) 开头和结尾是否合适（内容、篇幅）（2 分）

(4) 内容是否有原创性（三分之二以上为新内容）和吸引力（2 分）

(5) 语言整体质量如何（2 分）

(6) 第一稿和终稿相比，是否有明显的提高（0.5 分）

(7) 是否每个同学都参加了评价，提出了修改建议（0.5 分）

文字评价：

(1) 老师最欣赏的一点：_____

(2) 什么地方可以写得更好：_____

十四、评价学生作业段落。

下面两段话分别写了留学的两个困难，请评价哪些地方还写得不够好，并尝试修改。

<h2 style="text-align:center">（一）</h2>

第一类困难是厕所的。日本的厕所是非常干净，有各种各样的功能（比如温水冲洗坐圈）。当然，中国未必没有干净的厕所。但是跟日本比起来，干净的厕所比较少。还有，根据厕所厂家"TOTO"的调查，2015年在日本西洋式厕所超过90％，可是在中国这类厕所的数量还很少。中国菜比日本菜很油腻和辣椒，对肠胃的刺激很大，导致频繁腹泻。这个时候我们习惯了西洋式厕所，所以使用中国厕所时一定会遇到困难。

评价与修改：

请扫二维码，观看老师对学生作文片断的点评。

<h2 style="text-align:center">（二）</h2>

第二类困难就是沟通问题。虽然找到了合适的房子，但房子有一些问题，需要告诉房东。这时，我的语言表达不够，就很难跟房东沟通，所以不容易解决房子里出现的问题。还有一个人留学是很孤独的，想找个中国朋友，但这时也发生沟通的问题，单词量不够，就听不懂他人说的话，也无法持续不断地与他人对话。买东西或坐出租车时，一定会发生同样的

沟通问题。所以留学时,通常存在沟通问题。只有好好学汉语,才可以解决沟通问题。

> 评价与修改:
>
> _____
>
> _____
>
> _____
>
> _____

请扫二维码,观看老师对学生作文片断的点评。

十五、复习。

(一)

　　我的发音很不 1_____,出门购物时中国店员或老板往往听不懂我想 2_____ 什么,无法理解我要 3_____ 的意思,令我感到非常 4_____。为了提高汉语水平,无论是在餐厅、咖啡馆还是公园,我都 5_____ 与中国人打招呼,试图与他们展开对话。但不幸的是对话 6_____ 的时间通常很短,糟糕的发音 7_____ 了我与中国人的深入交流。

(二)

　　饮食方面,中国菜过于 8_____,容易 9_____ 肠胃,导致 10_____ 腹泻。去医院看病也 11 困难_____,我对中国医院的看病流程

12 一无_____,而且与医生沟通也存在很大的 13_____。每当身体不适,我 14_____待在宿舍,卧床休息。我 15_____去医院,只是服用从自己国家带来的药物。

单元词语表

1. 询问（HSK 五级词）
2. 表达
3. 沮丧（HSK 七～九级词）
4. 主动
5. 试图（HSK 五级词）
6. 展开
7. 持续
8. 通常
9. 糟糕（HSK 五级词）
10. 阻碍（HSK 六级词）
11. 体系（HSK 七～九级词）
12. 不得已（HSK 七～九级词）
13. 相差甚远
14. 推荐（HSK 七～九级词）
15. 未必
16. 口味（HSK 七～九级词）
17. 多变（的天气）
18. 对……（不）适应
19. 潮湿
20. 连续
21. 全身发痒

22. 痛苦不堪（不堪：HSK 七～九级词）
23. 饮食（HSK 五级词）
24. 过于＋（两个字的形容词）（HSK 五级词）
25. 油腻
26. 刺激
27. 导致
28. 频繁（HSK 五级词）
29. 腹泻（HSK 七～九级词）
30. 困难重重
31. 流程（HSK 七～九级词）
32. 一无所知
33. 沟通（HSK 五级词）
34. 存在
35. 障碍（HSK 六级词）
36. 干脆（HSK 五级词）
37. 卧床休息
38. 懒得（HSK 七～九级词）
39. 服用（HSK 七～九级词）
40. 药物

第三单元　社交书信

学习目标：

(1) 了解书信的格式；

(2) 学会提出问题和建议；

(3) 注意社交书信的结构；

(4) 注意社交书信相关书面语的表达。

一、小组讨论：留学生在留过学的城市或者自己居住的城市注意到了一些不文明的现象，要给上海市长写一封信，可能会写什么？

二、阅读范文，找出不文明的现象是什么。

尊敬的上海市长：

　　您好！非常抱歉在您百忙之中打扰您，如果您能抽出宝贵的时间，请读一读我这个普通市民的来信，真是不胜感激！

　　随着经济的发展，上海各个方面的建设都取得了巨大的成绩。但是，我和我的同学发现了一些问题，这些问题对上海的城市环境造成了不小的影响。

我们在马路、广场、居民小区等场所经常发现有人随地吐痰，这种行为会传播疾病，也会破坏城市形象。我们经过反复思考，提出以下几点建议：第一，增强宣传力度，通过各种渠道让市民意识到随地吐痰是非常不文明的行为，应该禁止；第二，提醒大家出门随身携带纸巾，把痰吐到纸巾中，及时丢进垃圾桶，养成良好的卫生习惯；第三，制定相关法规，对随地吐痰者进行罚款，并且罚金不低于200元。

另一个问题是我们发现在公园、车站、购物街等人员密集的室外公共场所吸烟的情况比较普遍。可能有人认为室外不需要禁烟，但实际上，室外吸烟同样会污染空气，也会对周围人群的健康造成严重危害。我们认为可以从以下几个方面解决室外公共场所的吸烟问题：第一，在醒目的位置张贴告示牌，明确规定禁止室外吸烟，并安装监视器，对违规者进行罚款；第二，在人群密集的区域设置吸烟室，以免二手烟危害周围人群的健康；第三，专门招募一批禁烟志愿者，在室外公共场所对吸烟者进行劝阻与教育，提高大众保护环境的意识。

希望我们的建议能够得到市长的重视和肯定，被有关部门采纳。我们共同的愿望是让上海变得更干净、更美丽！

祝

工作顺利！

一个普通市民

2月10日

三、分析来信的结构。

1. 开头：写给谁。

2. 正文五段的主要意思：

（1）

(2) _____

(3) _____

(4) _____

(5) _____

3. **结尾：祝……、写信人、写信时间。**

四、看图片，完成句子，请尽量使用范文第二～四段中所学的词语。

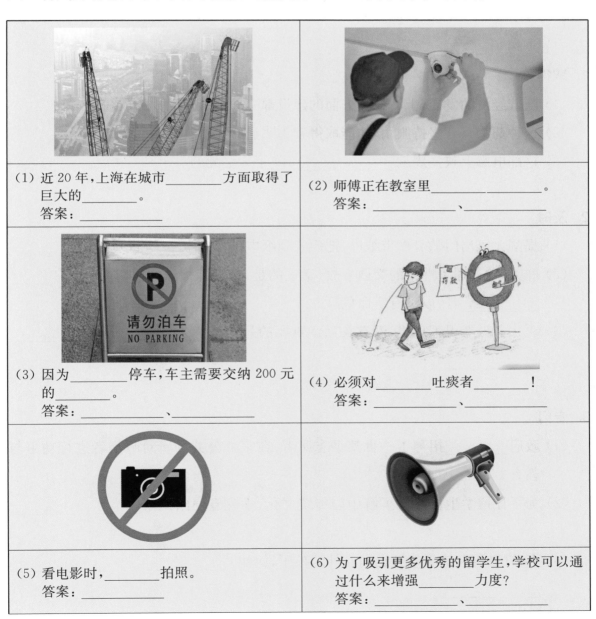

(1) 近 20 年，上海在城市_____方面取得了巨大的_____。 答案：_____	(2) 师傅正在教室里_____。 答案：_____、_____
(3) 因为_____停车，车主需要交纳 200 元的_____。 答案：_____、_____	(4) 必须对_____吐痰者_____！ 答案：_____、_____
(5) 看电影时，_____拍照。 答案：_____	(6) 为了吸引更多优秀的留学生，学校可以通过什么来增强_____力度？ 答案：_____、_____

（续表）

（7）在我们小区的草地上有几个特殊的垃圾桶，_____收集狗便。 答案：_____	（8）这个问题比较复杂，值得我们好好_____。 答案：_____

五、完成句子。

1. 取得

（1）随着经济的发展，上海各个方面的建设都_____了巨大的成绩。

（2）这种药物只有坚持服用，才能取得较为明显的_____。

（3）这部电影上映一周就_____了 5 亿元的_____。

2. 及时

（1）提醒大家出门随身携带纸巾，把痰吐到纸巾中，_____丢进垃圾桶。

（2）昨天，他遭遇了严重的交通事故，幸运的是，他立即被送往医院，得到了_____，所以没有生命危险。

（3）一次考试考得不理想，没有关系。重要的是_____。

3. 专门

（1）政府_____招募了一批禁烟志愿者，在室外公共场所对吸烟者进行劝阻与教育。

（2）为了让留学生更好地了解中国传统文化，学院专门组织了_____。

（3）春节的时候，为了欢迎出门在外的孩子，妈妈_____。

4. 得到＋"重视/肯定/认可/改善"

选择词语，完成句子。

（1）希望我们的建议能够得到部长的＿＿＿＿＿＿＿＿＿和肯定，被有关部门采纳。

（2）经济改革的主要目标是使人民的生活逐步得到＿＿＿＿＿＿＿＿＿。

（3）新开发的智能手机＿＿＿＿＿＿＿＿＿＿＿＿＿＿＿＿＿＿＿＿＿＿＿＿＿，得到了市场的认可。

5. "进行"＋动词

（1）禁烟志愿者在室外公共场所对吸烟者＿＿＿＿＿＿劝阻与教育。

（2）政府制定了相关法规，对随地吐痰者进行＿＿＿＿＿＿，并且罚金不低于200元。

进行＋"讨论/调查/研究"

选择词语，完成句子。

（3）市政府将对垃圾分类的实施情况进行深入＿＿＿＿＿＿。

（4）为了解留学生在上海的生活消费情况，我们对300名各国留学生＿＿＿＿＿＿＿＿＿＿＿＿＿＿＿＿＿＿＿＿＿＿＿＿＿＿。

（5）口语课上，同学们对"安乐死"的话题＿＿＿＿＿＿＿＿＿＿＿＿＿＿＿＿＿＿＿＿。

6. 危害

（1）室外吸烟不仅会污染空气，也会对周围人群的健康造成严重＿＿＿＿＿＿。

（2）有必要在人群密集的区域设置吸烟室，以免二手烟＿＿＿＿＿＿周围人群的健康。

（3）台风＿＿＿＿＿＿＿＿＿＿＿＿＿＿＿＿＿＿＿＿，房屋被毁坏，树木被吹倒，还有一些人受伤。

六、小组讨论：给市长（留学过的城市或者所居住的城市）写一封信，谈谈……问题（比如，交通、环境、教育、住房等）。

例如：

	上海的交通问题	原因	建议
1	行人在过马路时，感到比较危险		
2	……		

你们小组要写的问题：

	_____的_____问题	原因	建议
1			
2			

语言：尽量使用范文中的词语，越多越好。

记录其他小组用到的其他值得学习的词语：

七、段落写作：写一段话，针对某个城市提出一个问题，分析原因，给出建议。

写作要求：

（1）这段的第一句话：

……有不少……问题，其中比较严重的一个问题是……

（2）字数：150字以上。

评分标准：

总分为5分

（1）段内逻辑是否清楚（1分）

（2）内容是否合适（2分）

（3）语言整体质量如何（2分）

八、请用书面语改写下面句子中画线的部分。

（1）<u>不好意思，在您很忙的时候打扰您了</u>。

答案：_____

（2）如果您有空，……，真是太感谢了！

　　答案：_____、_____

（3）随着经济的发展，上海各个方面的建设进步很快。

　　答案：_____

（4）希望我们的建议能够让您觉得很重要、很好，被有关部门用一用。

　　答案：_____、_____

（5）我们想来想去，提出以下几点建议。

　　答案：_____

（6）在人员密集场所需要装监视器，对不按规定做的人进行罚款。

　　答案：_____

（7）这种不文明的行为一定不可以做。

　　答案：_____、_____

（8）我们都希望让上海变得更干净、更美丽！

　　答案：_____

九、搭配练习。

（1）_____宝贵的时间

（2）_____巨大的成绩

（3）造成严重_____

（4）_____吐痰

（5）_____疾病

（6）破坏城市_____

（7）_____思考

（8）_____以下建议

（9）加大宣传_____

（10）_____携带纸巾

（11）_____良好的习惯

（12）_____相关法规

（13）_____告示牌

（14）_____监视器

(15) _____志愿者

(16) _____重视/肯定

十、大作文(二选一)。

● 给某个城市的市长写一封信，指出这个城市某个方面的 2～3 个问题，并提出建议。

● 给校长写一封信，指出学校存在的 2～3 个问题，并提出建议。

写作要求：

(1) 注意写信格式；

(2) 注意结构：中间 2～3 段，每一段写一个问题，对这个问题提出建议；

(3) 至少使用范文中的 10 个以上词语，请画出；

(4) 字数：400 字以上。

评分标准：

总分为 10 分

(1) 结构是否完整、合理(2 分)

(2) 提出的建议是否合理、可行(3 分)

(3) 开头和结尾是否使用礼貌、尊敬的语言(1 分)

(4) 书信格式是否正确(1 分)

(5) 语言整体质量如何(3 分)

文字评价：

(1) 老师最欣赏的一点：_____

(2) 什么地方可以写得更好：_____

十一、评价学生作业段落。

下面是两位学生写的他们城市的一个问题，请评价哪些地方还写得不够好，并尝试修改。

(一)

第二，提高燃料价格和车辆税。然而，这必须伴随着公共交通的改善。通过增加和固定整个城市的公共交通,人们会觉得使用公共交通出行比使用私家车更舒适。

评价与修改:

_____

_____

_____

_____

请扫二维码,观看老师对学生作文片断的点评。

(二)

　　我们认为政府对于垃圾分类的宣传不足。市民缺乏相关垃圾分类的意识及知识,不利于垃圾分类工作的开展。为此,我们提出以下两点建议:第一,相关部门可以在公共场所张贴宣传单或在网络上做推广,增强市民垃圾分类的意识;第二,立法部门可以考虑制定相关规定,通过强制性的手段让广大市民都关注到垃圾分类的必要性。

评价与修改:

_____

_____

_____

_____

请扫二维码，观看老师对学生作文片断的点评。

十二、复习。

非常 1_____ 在您百忙之中 2_____ 您，如果您能 3_____ 宝贵的时间，请读一读我这个普通大学生的来信，真是 4 不胜 _____！

我们在马路、广场、5_____ 小区等场所经常发现有人随地吐痰，这种行为会传播 6_____，也会 7_____ 城市形象。我们经过反复 8_____，提出以下几点建议。第一，加大 9_____ 力度，通过各种 10_____ 让市民 11_____ 到随地吐痰是非常不文明的行为，应该禁止。第二，提醒大家出门随身 12_____ 纸巾，把痰吐到纸巾中，及时丢进垃圾桶，13_____ 良好的卫生习惯。第三，制定相关 14_____，对随地吐痰者进行 15_____，并且罚金不低于 200 元。

希望我们的建议能够得到市长的肯定，被有关部门 16_____。我们共同的 17_____ 是让上海变得更干净、更美丽！

单元词语表

1. 抱歉（HSK 六级词）
2. 百忙之中
3. 打扰（HSK 五级词）
4. 抽出（宝贵的）时间
5. 不胜感激（感激：HSK 七～九级词）
6. 随着（HSK 五级词）
7. 取得成绩
8. 造成影响/危害
9. 居民小区
10. 随地吐痰
11. 传播疾病（疾病：HSK 六级词）
12. 破坏形象
13. 反复思考
14. 提出以下建议
15. 加大宣传力度（力度：HSK 七～九级词）
16. 通过……渠道（渠道：HSK 六级词）
17. 禁止
18. 随身携带（随身：HSK 七～九级词）
19. 及时
20. 养成……的习惯
21. 制定法规（法规：HSK 五级词）
22. 对……进行罚款（罚款：HSK 五级词）
23. 罚金
24. 密集（HSK 七～九级词）
25. 室外
26. 公共场所（HSK 七～九级词）
27. 醒目
28. 张贴告示牌
29. 安装监视器（监视：HSK 七～九级词）
30. 违规者（违规：HSK 五级词）
31. 设置
32. 以免
33. 专门
34. 招募志愿者
35. 劝阻（HSK 七～九级词）
36. 得到重视/肯定（肯定：HSK 五级词）
37. 有关部门（有关：HSK 六级词）
38. 采纳（HSK 六级词）

学习目标：

(1) 有条理地提出建议(注意连接词)；

(2) 清楚地说明理由；

(3) 用不同的方式表达建议；

(4) 注意段落的写作逻辑；

(5) 注意书面语的表达。

一、**写前准备**。

(1) 小组讨论：什么样的情况下，我们认为一个人是学习拖延者？

_____

_____

_____

(2) 个人头脑风暴：用关键词给学习拖延者写下一些建议。

_____

_____

_____

二、**建议分类：第一类，肯定的建议。**

给学习拖延者推荐值得尝试的做法。（请把理由写得有说服力）

建议1：＿＿＿＿＿＿＿＿＿＿＿＿＿＿＿＿＿＿＿＿＿＿＿＿＿＿

理由1：＿＿＿＿＿＿＿＿＿＿＿＿＿＿＿＿＿＿＿＿＿＿＿＿＿＿

例1：＿＿＿＿＿＿＿＿＿＿＿＿＿＿＿＿＿＿＿＿＿＿＿＿＿＿＿

建议2：＿＿＿＿＿＿＿＿＿＿＿＿＿＿＿＿＿＿＿＿＿＿＿＿＿＿

理由2：＿＿＿＿＿＿＿＿＿＿＿＿＿＿＿＿＿＿＿＿＿＿＿＿＿＿

例2：＿＿＿＿＿＿＿＿＿＿＿＿＿＿＿＿＿＿＿＿＿＿＿＿＿＿＿

三、**根据写作提纲写句子。**

段落中心句：首先，给学习拖延者推荐几个值得尝试的做法。

建议1：把难的事变成一件件小事

理由1：太难，害怕，所以不做

例1：写毕业论文

建议2：每天留一段时间做事

理由2：每天都做，容易完成任务

例2：准备汉语水平考试

根据上面写作提纲的内容，用下面的词语写句子。

（1）畏惧：＿＿＿＿＿＿＿＿＿＿＿＿＿＿＿＿＿＿＿＿＿＿＿＿

（2）拖延：＿＿＿＿＿＿＿＿＿＿＿＿＿＿＿＿＿＿＿＿＿＿＿＿

（3）固定：＿＿＿＿＿＿＿＿＿＿＿＿＿＿＿＿＿＿＿＿＿＿＿＿

（4）逃避：＿＿＿＿＿＿＿＿＿＿＿＿＿＿＿＿＿＿＿＿＿＿＿＿

（5）按时：＿＿＿＿＿＿＿＿＿＿＿＿＿＿＿＿＿＿＿＿＿＿＿＿

（6）日积月累：＿＿＿＿＿＿＿＿＿＿＿＿＿＿＿＿＿＿＿＿＿＿

（7）不知不觉：＿＿＿＿＿＿＿＿＿＿＿＿＿＿＿＿＿＿＿＿＿＿

（8）用于：＿＿＿＿＿＿＿＿＿＿＿＿＿＿＿＿＿＿＿＿＿＿＿＿

四、扩写例子。

（1）写毕业论文很难，如何把这件难事变成一件件小事？

_____

_____

_____

（2）四个月后你要参加汉语水平考试，每天可以怎么安排？

_____

_____

_____

五、学习范文。

1. 找出范文中表达肯定建议的词语。

　　首先，给学习拖延者推荐几个值得尝试的做法：第一，我们不妨把难的事情分解成一件件小的事情。人们往往因畏惧困难而产生逃避心理，行为上就是拖延。比如，写毕业论文是较难的事，我们需要制定阶段性目标。某一阶段是总结文献，某一阶段是定下题目，某一阶段是写论文重要章节等。第二，每天最好留出一段固定的时间来做事。一旦养成了好习惯，按时完成任务就变得比较容易。比如，四个月后你要参加汉语水平考试，每天至少花一个小时用于词汇学习、听力训练或者阅读理解等，日积月累，备考任务就不知不觉地完成了。

表达肯定建议的词语：

2. 词语搭配。

（1）人们往往因畏惧困难而_____逃避心理。

（2）我们需要_____阶段性目标。

（3）每天最好＿＿＿＿＿＿一段固定的时间来做事。

（4）一旦＿＿＿＿＿了好习惯，按时＿＿＿＿＿＿任务就变得比较容易。

3. 例子扩写（找出范文中的句子）。

（1）写毕业论文很难，如何把这件难事变成一件件小事？

_____

_____

_____

（2）四个月后你要参加汉语水平考试，每天可以怎么安排？

_____

_____

_____

六、段落写作。

参考题目：给＿＿＿＿＿＿＿的建议（失眠者、失恋者、减肥者……）

模仿范文的段落，写一段话。

写作要求：

（1）字数：200 字以上；

（2）第一句：首先，给……推荐几个值得尝试的做法。

评分标准：

总分为 5 分

（1）内容的写作是否合适（2分）

（2）每个建议的字数是否平衡（1分）

（3）语言整体质量如何（2分）

七、建议分类：第二类，否定的建议。

提醒学习拖延者有些行为需要避免。（请把理由写得有说服力）

建议 1：_____

理由 1：_____

例 1：_____

建议 2：_____

理由 2：_____

例 2：_____

八、根据写作提纲写句子。

段落中心句：其次，提醒学习拖延者有些行为最好避免。

建议 1：不要被别的事影响

理由 1：一个时间不可能做好两件事

例 1：做作业查资料

建议 2：不要太追求完美

理由 2：追求完美花很多时间

例 2：写作文

根据上面写作提纲的内容，用下面的词语写句子。

(1) 尽量：_____

(2) 专注：_____

(3) 干扰：_____

(4) 一心二用：_____

(5) 沉浸：_____

(6) 过度：_____

(7) 耽误：_____

(8) 得不偿失：_____

九、扩写例子。

(1) 做作业时需要查资料，查着查着，很可能发生什么情况，导致作业没有完成？

_____

_____

（2）写作文时,在什么方面追求完美而拖延写作进度?

_____

_____

_____

十、学习范文。

1. 找出范文中表达否定建议的词语。

　　其次,提醒学习拖延者有些行为需要避免。第一,做事时尽量不受干扰,专注于当下最需要完成的事。每个人的精力、时间毕竟有限,不可能一心二用。比如,做作业时需要查资料,查着查着,很可能看到自己感兴趣的其他内容,沉浸其中,忘了查资料的正事,最终造成拖延。第二,千万不要过度追求完美。因为追求完美而耽误了时间,没有完成该做的事,是得不偿失的。比如,写作文时,有的学生过于在意语言错误,花费很多时间查词典,不停地修改,因此拖延了写作进度。

> 表达否定建议的词语:

2. 例子扩写(找出范文中的句子)。

（1）做作业时需要查资料,查着查着,很可能发生什么情况,导致作业没有完成?

_____

_____

_____

（2）写作文时，在什么方面追求完美而拖延写作进度？

_____

_____

_____

十一、完成句子。

1. 拖延

（1）提醒_____有些行为最好避免。

（2）做作业时需要查资料，查着查着，很可能看到自己感兴趣的其他内容，沉浸其中，忘了查资料的正事，最终_____。

（3）写作文时，有的学生过于在意语言错误，花费很多时间查词典，不停地修改，因此_____。

（4）他的病已经很重了，_____。

2. 一旦

（1）_____养成了好习惯，按时完成任务_____变得比较容易。

（2）根据学校的规定，一旦_____，就不能参加这门课的期末考试。

（3）一个人做决定之前需要仔细考虑。一旦确定了目标，_____

_____。

（4）中国有句古话：一言既出，驷马难追。意思是_____

_____。

3. 日积月累

（1）如果四个月后你要参加汉语水平考试，每天至少花1个小时用于词汇学习、听力训练或者阅读理解等，_____，备考任务就在不知不觉间完成了。

（2）学好一门语言不是一朝一夕的事，_____。

（3）A：他60多岁了，看上去特别年轻。

B：_____。

4. 得不偿失

（1）绝对不要过度追求完美。因为追求完美而耽误了时间，没有完成该做的事，是_____的。

（2）忙于找工作而耽误了写毕业论文，_____，真是得不偿失。

（3）_____真是得不偿失。

5. 避免（比较：以免）

选择词语，完成句子。

（1）提醒拖延者有些行为需要_____。

（2）在人群密集的区域设置吸烟室，_____二手烟危害周围人群的健康。

（3）天气预报说明天会大幅降温，把大衣穿上，_____。

（4）大家做 PPT 时，要_____，这样听众不会觉得你是照着读，觉得很无聊。

6. 造成　导致

选择词语，完成句子。

（1）查资料，查着查着，很可能看到自己感兴趣的其他内容，沉浸其中，忘了查资料的正事，最终_____拖延。

（2）如果我们带着不良情绪入睡，整个晚上胡思乱想，一定会_____失眠。

（3）随地吐痰的问题对上海的城市环境_____。

（4）室外吸烟同样会污染空气，也会对周围人群的健康_____。

十二、请用书面语改写下面句子中画线的部分。

（1）人们往往因害怕困难而产生<u>躲开</u>，<u>不面对</u>心理，行为上就是拖延。

　　答案：_____、_____

（2）一旦养成了好习惯，<u>按照时间要求</u>完成任务就变得比较容易。

　　答案：_____

（3）每天至少花 1 个小时<u>用在</u>词汇学习、听力训练或者阅读理解等。

　　答案：_____

（4）提醒拖延者有些行为最好<u>不要去做</u>。

答案：＿＿＿＿＿＿

（5）做事时<u>尽可能</u>不受影响，<u>专心地</u>做当下最需要完成的事。

答案：＿＿＿＿＿＿、＿＿＿＿＿＿、＿＿＿＿＿＿

（6）<u>查资料时</u>很可能看到自己感兴趣的其他内容，沉浸其中，忘了查资料的<u>最重要、最应该做的事</u>。

答案：＿＿＿＿＿＿

（7）绝对不要<u>太</u>追求完美。因为追求完美而耽误了时间，没有完成该做的事。

答案：＿＿＿＿＿＿

（8）有的学生过于<u>在乎</u>语言错误，花费很多时间查词典，不停地修改，因此<u>放慢</u>了写作进度。

答案：＿＿＿＿＿＿、＿＿＿＿＿＿

十三、四字词练习。

（1）一天天、一个月一个月地积累

答案：＿＿＿＿＿＿

（2）备考任务就<u>很快、没有感觉地</u>完成了。

答案：＿＿＿＿＿＿

（3）每个人的精力、时间毕竟有限，不可能<u>同一时间做两件事</u>。

答案：＿＿＿＿＿＿

（4）因为追求完美而耽误了时间，没有完成该做的事，是＿＿＿＿＿＿的。

答案：＿＿＿＿＿＿

十四、建议的多种表达方式。

肯定的建议　　　　　　　否定的建议

可以/应该	不可以/应该
建议＋动词	避＿＿＿＿
＿＿＿好	＿＿＿不
不＿＿＿	＿＿＿不要

十五、小组讨论：开头、结尾可以写什么内容。

开头：

结尾：

十六、大作文：给_____的建议（失眠者/失恋者/减肥者……）。

写作要求：

（1）结构要完整（开头、中间建议、结尾）；

（2）作文一共四段，主体部分两段；

（3）主体部分写两类建议，参考范文；

（4）至少使用范文中的 10 个以上词语，请画出；

（5）字数：400 字以上。

评分标准：

总分为 10 分

（1）是否从多方面来写建议（1 分）

（2）建议是否能具体、充分地说明（3 分）

（3）总体而言，内容是否有吸引力（1 分）

（4）结构是否合理（2 分）

（5）语言整体质量如何（3 分）

文字评价：

（1）老师最欣赏的一点：_____

（2）什么地方可以写得更好：_____

十七、评价学生作业段落。

下面是学生作业的一些段落，请评价哪些地方还写得不够好，并尝试修改。

（一）

第一，临睡前尽量避免使用手机。研究发现，手机画面的蓝光让大脑处于高度兴奋的状态，会导致失眠和第二天醒来。科学家建议人们至少在睡前 30 分钟停止使用手机。取而代之的是，阅读放在床头柜上的书，这样人会以更快的速度入睡，第二天的感觉会给人留下深刻的印象。

评价与修改：

请扫二维码，观看老师对学生作文片断的点评。

（二）

你曾经想过减肥吗？众所周知，减肥是一个很难实现的目标。事实是，很多人想减肥，但很少有人知道应该怎么做。

评价与修改：

_____

_____

请扫二维码,观看老师对学生作文片断的点评。

十八、复习。

（一）

　　首先,给学习拖延者1_____几个值得尝试的2_____。第一,我们3_____把难的事情分解成一件件小的事情。人们往往因4_____困难而产生逃避心理,行为上就是5_____。比如,写毕业论文是较难的事,我们需要6_____阶段性的目标。某一阶段是总结文献,某一阶段是定下题目,某一阶段是写论文重要章节等。第二,每天最好7_____一段固定的时间来做事。8_____养成了好习惯,按时9_____任务就变得比较容易。比如,四个月后你要参加汉语水平考试,每天至少花1个小时用于词汇学习、听力训练或者阅读理解等,日积月累,备考任务就10 不知_____地完成了。

（二）

　　其次,1_____学习拖延者有些行为需要避免。第一,做事时2_____不受干扰,3_____于当下最需要完成的事。每个人的精力、时间毕竟有限,不可能4 一心_____。比如,做作业时需要查资料,查着查着,很可能看到自己感兴趣的其他内容,沉浸其中,忘了查资料的正事,最终5_____拖延。第二,6_____不要过度追求完美。因为追求完美而耽误了时间,没有完成该做的事,是7 得不_____的。比如,写作文时，有的学生过于8_____语言错误，花费很多时间查词典，不停地修改，因此拖延了写作进度。

（三）补充学习：可参考的开头和结尾

用给出的词语填空：

重视	拖拉	自责	效率	束手无策	缓解	负面
普遍	解决	采纳	针对	摆脱	坚持	建议

（开头）

在学习中，你做事1_____吗？拖延的习惯肯定会对学习造成2_____影响。面对做事拖拉，不少学习者3_____，不知如何才能4_____这个难题。本文将提出一些建议，希望能帮助学习者5_____拖延的苦恼。

（结尾）

希望本文提出的6_____可以得到重视，被大家7_____。其实拖延症已经是学生8_____存在的情况，所以大家不必过于紧张、9_____。针对自己的情况，只要找到合适的方法，并10_____下去，相信能缓解拖延症，提高学习11_____。

单元词语表

1. 拖延（HSK 七～九级词）
2. 不妨（HSK 七～九级词）
3. 分解（HSK 五级词）
4. 畏惧
5. 逃避（HSK 七～九级词）
6. 制定目标
7. 阶段
8. 固定
9. 一旦（HSK 五级词）
10. 按时
11. 至少
12. 日积月累
13. 提醒
14. 避免（HSK 七～九级词）
15. 尽量
16. 干扰（HSK 五级词）
17. 专注于
18. 当下（HSK 七～九级词）
19. 精力

20. 毕竟（HSK 五级词）
21. 有限
22. 一心二用
23. 沉浸（HSK 七～九级词）
24. 正事
25. 过度（HSK 五级词）
26. 耽误（HSK 七～九级词）
27. 得不偿失（HSK 七～九级词）
28. 过于（HSK 五级词）
29. 在意
30. 花费（HSK 六级词）
31. 进度（HSK 七～九级词）

补充词语

32. 负面（HSK 七～九级词）
33. 束手无策
34. 摆脱
35. 自责
36. 缓解
37. 效率

第五单元 童年

一、**阅读范文(一)：分组阅读。**

　　(1) 阅读第一段,找出描写童年的词语。

_____

_____

_____

　　(2) 阅读第二～五段：写了一件什么事？

_____

_____

_____

_____

　　(3) 童年的这件事写得曲折有变化,请具体分析曲折的过程。

_____

_____

_____

_____

（4）阅读结尾：结尾写得有什么特点，达到了什么样的效果？

_____

_____

_____

范文（一）：童年往事

　　童年，是一段多姿多彩，无忧无虑的欢乐时光。如今的我总是愿意重温童年的美好，有时会在临睡前翻翻相册，回忆童年往事。昨晚翻到我和好朋友吉米的合影，一下子想起了那一次冒险经历……

　　那是小学二年级的一个夏日，吉米告诉我，这几天晚上他都在捉星星，晚上可以带我一起去。听了他的话，我心里充满了疑问：星星不是只能看的吗？还能捉？去哪里捉？怎么捉？我向朋友抛去一连串的问题，但是他眨眨眼，笑着说："是不是觉得不可思议？你去了就知道了。"童年的我特别喜欢冒险，而且对一切充满了好奇，我被他的一番话说动了。

　　到了晚上，我没有告诉家人，偷偷地溜出了门。我不知方向地跟着吉米，在树林中绕来绕去。树林里一片昏暗，看不见别人，只有我们俩。一阵阵凉风吹来，我穿得单薄，身体开始发抖。走着走着，我不禁有些害怕。几次想反悔，掉头往回跑，但还是被好奇心战胜了。

　　当走到树林尽头的时候，我顿时被眼前的美景迷住了，目瞪口呆。许多萤火虫栖身在树丛上，忽隐忽现，像圣诞树上闪烁的小星星。我们慢慢地靠近萤火虫，伸手去捉，有的萤火虫并不怕人，不逃也不躲，竟然在我们的手掌上爬动着。吉米从包里拿出玻璃瓶，我们把几只萤火虫放到瓶子里，心满意足地带回了家。

　　虽有收获，却也有付出，在回家的路上，我的脚不小心被玻璃片划破了，回家后被妈妈骂了一顿。不过，沉浸在极度兴奋之中的我完全没有理会。

那种冒险带来的兴奋,长大后再也没有经历过了,真仿佛是一个梦啊!我看着相册,不由得忘了时间。妈妈推开门:"你该睡了!"是啊!该睡了,让我再做一个儿时的美梦吧……

二、完成句子。

1. 被字句:参考范文,找出答案。

(1)我被他的一番话_____。

(2)几次想反悔,掉头往回跑,但还是被好奇心_____。

(3)我顿时被眼前的美景_____,目瞪口呆。

(4)脚不小心被玻璃片_____了,回家后被妈妈_____。

2. 沉浸在……(之)中

(1)我的脚不小心被玻璃片划破了,回家后被妈妈骂了一顿。不过,_____在极度兴奋之中的我完全没有理会。

(2)外国学生来到中国学汉语,其听说水平提高得会比较快,这是因为他们_____
_____。

(3)我叫孩子吃饭,叫了三声都没有回应。走到他身旁,发现_____
____。

3. 不由得

(1)我看着相册,_____忘了时间。

(2)第一次见表姐,那时她刚考上大学,后来一直没有机会见面,再次见到她时,表姐已到了退休年龄,我们_____。

(3)_____,我不由得想起_____
_____。

4. 根据词义找出范文中对应的四字词。

(1)没有烦恼

答案:_____

（2）非常吃惊,张大了眼睛和嘴

　　答案：＿＿＿＿＿＿＿

（3）<u>丰富多彩</u>的生活

　　答案：＿＿＿＿＿＿＿

（4）<u>不能够理解</u>

　　答案：＿＿＿＿＿＿＿

三、请用书面语改写下面句子中画线的部分。

（1）～（2）题根据范文（一）

（1）童年,是一段<u>很丰富</u>、<u>没有烦恼</u>的欢乐时光。

　　答案：＿＿＿＿＿＿＿、＿＿＿＿＿＿＿

（2）当走到树林尽头的时候,我顿时被眼前的美景迷住了,<u>非常吃惊地张大了眼睛和嘴</u>。

　　答案：＿＿＿＿＿＿＿

（3）～（5）题根据范文（二）

请在阅读范文（二）以前试着把画线部分改写成书面语言。

（3）我很喜欢回忆我的童年,虽然已经过了很久,童年发生过的一些事还是<u>清楚地记得</u>,好像就发生在眼前。

　　答案：＿＿＿＿＿＿＿

（4）我突然想起好久好久以前跟小熊<u>关系很好</u>,<u>总是在一起</u>的情景来了。

　　答案：＿＿＿＿＿＿＿

（5）那时候,我爱小熊,<u>全身心</u>地爱它。

　　答案：＿＿＿＿＿＿＿

四、阅读范文（二）：分组阅读。

（1）请在范文中找到书面语第（3）～（5）题的答案。

＿＿＿＿＿＿＿＿＿＿＿＿＿＿＿＿＿＿＿＿＿＿＿＿＿

＿＿＿＿＿＿＿＿＿＿＿＿＿＿＿＿＿＿＿＿＿＿＿＿＿

＿＿＿＿＿＿＿＿＿＿＿＿＿＿＿＿＿＿＿＿＿＿＿＿＿

（2）阅读第三段：作者描写小熊的样子时，抓住了什么特点，让人留下比较深刻的印象？

_____

_____

（3）阅读第四段，作者如何具体地说明"我"和小熊的关系亲密？

_____

_____

（4）故事是如何发展变化的？

_____

_____

_____

（5）故事中哪些地方能让你感受到作者的情感？作者是如何做到这一点的？

_____

_____

_____

（6）分析结尾，说说结尾与开头的关系。

_____

_____

_____

范文（二）：童年小事

我很喜欢回忆童年，虽然已经过去了很久，童年发生过的一些事却还是历历在目。尤其是 8 岁时的一件小事，一直萦绕在我的脑海。

那时的我非常好动，当一名拳击手是梦寐以求的事，8 岁生日时爸爸送给我一副拳击手套。当天,我就带上拳击手套开始练拳,但发现没有训练用的沙袋,于是就把玩具小熊当作沙袋。我把它放在沙发上,摆好,以便打起来顺手些。

小熊坐在我的面前,一身巧克力色。两只眼睛一大一小:大的是原来的,玻璃做的;小的是用一粒纽扣代替的。小熊用它那不一样大的眼睛十分快活地瞧着我,两手朝上举着,似乎在开玩笑,说它不等我打就投降了。

我瞧了它一会儿,突然想起好久好久以前我跟它形影不离的情景来了。那时,它没有一天不在我的身边。吃饭时,我让它坐在旁边,用调羹喂它。当我把什么东西抹到它嘴上时,它那张小脸就十分逗人,简直像活了似的。睡觉时,我也让它躺在旁边,对着它那硬邦邦的小耳朵,悄悄地讲故事给它听。那时候,我爱它,一心一意地爱它。现在它坐在沙发上,一大一小的眼睛对我笑着,而我却想拿它练拳……

"你怎么啦?"妈妈问道,"出了什么事?"

我也不知道自己怎么了。我转过脸,仰起头,把快要涌出来的眼泪憋了回去,然后沉默了好长时间,为的是不让妈妈从声音里猜出我的心事。后来,稍微克制住了感情以后,我说:"没什么,妈妈。我不过是改变了主意,不想拿小熊练拳了。"

一直到现在,这件事依然记忆犹新,无法忘怀。小熊让童年的我第一次看到了自己内心柔软的一面。这一份柔软,一直在成长的路上伴随着我,直到今天。

五、完成句子。

1. 好 hào + 动词

(1) 那时的我非常_____,当一名拳击手是梦寐以求的事。

(2) 她性格内向,平时喜欢待在家里,是个_____的女孩。

(3) 他特别_____,周末别人在休息的时候,他往往在图书馆看书。

(4) 他真是个_____的人,附近的饭馆他都吃遍了。

2. 以便

(1) 我把小熊放在沙发上,摆好,_____练起拳来顺手些。

(2) 公司每当推出一个新产品,就会不断了解用户对产品的使用反馈,以便_____

_____。

(3) 中学时,老师建议我们每人准备一本错题本,把做错的题目都写下来,_____

_____。

3. 简直

(1) 它那张小脸就十分逗人,_____像活了似的。

(2) 去法国旅行是我梦寐以求的事,这个暑假我终于美梦成真,_____

_____。

(3) 当主持人宣布她获得了奥斯卡最佳女主角时,她太意外了,_____

_____。

六、字词练习。

(1) 多_____多彩

(2) 历历_____ _____

(3) 无忧无_____

(4) 梦_____以_____

(5) 目_____口_____

(6) 一_____一_____

(7) _____ _____不离

(8) 记忆_____ _____

七、大作文:童年往事。

写作要求:

(1) 写在童年发生的,令你难忘的一件事;

(2) 要写出事情曲折的过程,或者突出你当时的心理感受;

(3) 至少使用范文中的 10 个以上词语,请画出;

(4) 字数:400 字以上。

评分标准：

总分为 10 分

（1）事情曲折的过程或者人物心理感受写得如何（3分）

（2）总体而言，内容是否有吸引力（2分）

（3）结构是否合理（2分）

（4）语言整体质量如何（3分）

文字评价：

（1）老师最欣赏的一点：＿＿＿＿＿＿＿＿＿＿

（2）什么地方可以写得更好：＿＿＿＿＿＿＿＿＿

八、评价学生作业段落。

下面是学生作业的一部分，请评价哪些地方写得好，哪些地方需要修改。

　　老师出门之后，是我们的午睡时间。我和朋友睡不着，就开始聊天。在我们聊天的同时，我还把口袋里的一条橙色串珠手链拿出来玩。我的朋友对它很感兴趣，于是我就把手链拿给她看。当她把手链还给我时，手链突然断了，我感觉珠子都还在，所以不那么担心，打算回家以后把珠子串起来。我们继续玩时，我想出了新的玩法，把一粒珠子塞进自己的鼻子，然后取出来，反复地做。朋友看见我那样做，觉得好玩，就模仿我。可是，不可思议的事情发生了，她不但取不出小珠子来，并且开始呼吸困难，几乎要窒息了。当时我吓得发抖、目瞪口呆，看到自己的好朋友无法呼吸，我的心里十分难受。周边的同学听到她的哭声，顿时都醒了。老师这时走进了教室，看到这个情况，集中注意力把那一粒小珠子取出来了，我的朋友最终得救了。

评价与修改：

＿＿＿＿＿＿＿＿＿＿＿＿＿＿＿＿＿＿＿＿＿＿＿

＿＿＿＿＿＿＿＿＿＿＿＿＿＿＿＿＿＿＿＿＿＿＿

＿＿＿＿＿＿＿＿＿＿＿＿＿＿＿＿＿＿＿＿＿＿＿

＿＿＿＿＿＿＿＿＿＿＿＿＿＿＿＿＿＿＿＿＿＿＿

请扫二维码，观看老师对学生作文片断的点评。

九、复习。

(一)

当走到树林尽头的时候,我顿时被眼前的美景迷住了,1 目瞪_____。许多萤火虫栖身在树丛上,2 _____忽现,像圣诞树上 3_____的小星星。我们慢慢地靠近萤火虫,伸手去捉,有的萤火虫并不怕人,不逃也不躲,竟然在我们的手掌上爬动着。吉米从包里拿出玻璃瓶,我们把几只萤火虫放到了瓶子里。

(二)

虽有收获,却也有 4_____,在回家的路上,我的脚不小心被玻璃片 5_____破了,回家后被妈妈骂了一 6_____。不过,7_____在兴奋、喜悦之中的我完全没有 8_____。

(三)

我很喜欢回忆童年,虽然已经过去了很久,童年发生过的一些事却还是 9 历历_____。尤其是 8 岁时的一件小事,一直 10_____在我的脑海。

(四)

一直到现在,这件事依然 11 记忆_____,无法忘怀。小熊让童年的我第一次看到了自己内心 12_____的一面。这一份柔软,一直在成长的路上 13_____着我,直到今天。

单元词语表

1. 多姿多彩

2. 无忧无虑

3. 欢乐时光（时光：HSK 五级词）

4. 重温

5. 美好

6. 往事

7. 合影（HSK 七～九级词）

8. 冒险（HSK 七～九级词）

9. 疑问

10. 眨眼

11. 不可思议（HSK 七～九级词）

12. 单薄（HSK 七～九级词）

13. 发抖（HSK 七～九级词）

14. 昏暗

15. 反悔

16. 被……战胜了

17. 好奇心（HSK 七～九级词）

18. 顿时（HSK 七～九级词）

19. 被迷住了

20. 目瞪口呆（HSK 七～九级词）

21. 忽隐忽现

22. 闪烁（HSK 七～九级词）

23. 喜悦

24. 收获

25. 付出

26. 被……骂了一顿（骂：HSK 五级词）

27. 历历在目

28. 萦绕在脑海（脑海：HSK 七～九级词）

29. 梦寐以求

30. 投降（HSK 七～九级词）

31. 形影不离

32. 逗人（逗：HSK 七～九级词）

33. 简直

34. 悄悄（HSK 五级词）

35. 一心一意

36. 把眼泪憋回去（憋：HSK 七～九级词）

37. 克制（HSK 七～九级词）

38. 记忆犹新（记忆：HSK 五级词）

39. 柔软（HSK 七～九级词）

40. 成长

41. 伴随（HSK 七～九级词）

第六单元　段落缩写

范文（一）

（1）张良是汉高祖刘邦的重要谋臣，在他年轻的时候，曾有过这么一段故事。

（2）那时的张良还只是一名很普通的青年。一天，他漫步来到一座桥上，看到桥头坐着一个衣衫破旧的老头儿。张良走过那老头儿身边时，老头儿忽然脱下脚上的破鞋子，把它丢到桥下，对张良说：“去，把鞋给我捡回来。”//张良觉得很奇怪，也很生气，觉得老头儿是在侮辱自己，真想上去揍他几下。可是他看到老头儿年岁已高，便忍着气走到桥下，给老头儿捡回了鞋子。谁知老头儿得寸进尺，竟然把脚一伸，吩咐说：“给我穿上。”//这更让张良觉得奇怪，简直是莫名其妙。尽管张良已经很生气，但他想了想，还是决定干脆帮忙就帮到底。于是他跪下身来，帮老头儿把鞋穿上。//

（3）老头穿好鞋，跺跺脚，哈哈大笑，扬长而去。张良看着头也不回，连一声"谢谢"都没有的老头儿的背影，正在纳闷，看见老头儿忽然又转身回来了。他对张良说："小伙子，我看你是块儿好材料，值得培养。这样吧，五天后的早上，你到这儿来等我。"张良深感玄妙，就诚恳地跪拜说："谢谢老先生，愿听先生指教。"

（4）第五天一大早，张良来到桥头时，只见老头儿已经先在桥头等候。他见到张良，很生气地责备张良说："同老年人约会还迟到，这像什么话呢！"说完他就起身走了。走出几步，又回头对张良说："过五天早上再会吧。"

（5）张良有些懊悔，可也无可奈何，只有等五天后再来。到了第五天，天刚蒙蒙亮，张良就来到了桥上，可没料到，老人又先他而到。看见张良，老头儿这回声色俱厉地责骂道："为什么又迟到呢？实在是太不像话了！"说完，十分生气地一甩手就走了。临了依然丢下一句话："还是再过五天，你早早来吧。"

（6）张良惭愧不已。又过了五天，张良刚刚躺下睡了一会儿就爬了起来，还不到半夜，就摸黑赶到桥头，他不能再让老头儿生气了。过了一会儿，老头儿来了，见张良早已在桥头等候，他满脸高兴地说："年轻人就应该这样啊！"然后，老头儿从怀中掏出一本书来，交给张良说："读了这部书，就可以帮助君王治国平天下了。"说完，老头儿飘然而去，还没等张良回过神来，老头儿已没了踪影。

（7）等到天亮，张良打开手中的书，他惊奇地发现自己得到的是《太公兵法》，这可是天下早已失传的极其珍贵的书呀，张良惊异不已。

（8）从此以后，张良捧着《太公兵法》日夜攻读，勤奋钻研，后来真的成了大军事家，做了刘邦的得力助手，为汉王朝的建立立下了卓著功勋，名噪一时。

（9）张良能尊敬长者，宽容待人，至诚守信，做事勤勉，所以才能成就一番大事业。

文章选自《新汉语水平考试真题集HSK（六级）》，商务印书馆，2012年。

一、小组讨论：如何缩写范文(一)第二段,哪些语言应该保留,画出这些词语。

- 个人→小组,每组负责一个部分

(1) 那时的张良还只是一名很普通的青年。一天,他漫步来到一座桥上,看到桥头坐着一个衣衫破旧的老头儿。张良走过那老头儿身边时,老头儿忽然脱下脚上的破鞋子,把它丢到桥下,对张良说:"去,把鞋给我捡回来。"

应该保留的词语:

(2) 张良觉得很奇怪,也很生气,觉得老头儿是在侮辱自己,真想上去揍他几下。可是他看到老头儿年岁已高,便忍着气走到桥下,给老头儿捡回了鞋子。谁知老头儿得寸进尺,竟然把脚一伸,吩咐说:"给我穿上。"

应该保留的词语:

(3) 这更让张良觉得奇怪,简直是莫名其妙。尽管张良已经很生气,但他想了想,还是决定干脆帮忙就帮到底。于是他跪下身来,帮老头儿把鞋穿上。

应该保留的词语:

二、改写直接引语。

（1）老头儿对张良说：“去，把鞋给我捡回来。”

_____

_____

（2）老头儿吩咐张良说：“给我穿上。”

_____

_____

（3）他对张良说：“小伙子，我看你是块儿好材料，值得培养。这样吧，五天后的早上，你到这儿来等我。”

_____

_____

（4）他很生气地责备张良说：“同老年人约会还迟到，这像什么话呢！”

_____

_____

（5）老头儿把书交给张良，说：“读了这部书，就可以帮助君王治国平天下了。”

_____

_____

三、段落写作：缩写范文（一）第二段。

写作要求：

（1）缩写成一段，把 255 字缩写到 100 字左右；

（2）语言：尽量不出现与原文完全一样的句子；

（3）不能出现直接引语。

评分标准：

总分为 5 分

（1）内容是否完整（1分）

（2）重点是否突出（2分）

（3）整体质量如何（2分）

四、评价学生段落缩写中的句子。

下面三句话是三位学生段落缩写作业中的句子,每句都有一些问题,请找出问题并尝试修改。

(1) 他竟吩咐张良给自己穿上鞋,尽管他已很生气,但决定帮到底。

_____

_____

(2) 张良觉得很奇怪,也很生气,可是他看到老人年岁已高,便忍着气给老人捡回了鞋子。

_____

_____

(3) 张良觉得奇怪,很生气,但看到老头儿年岁已高,就帮他捡回来了。更奇怪的是,老头儿还让张良帮他穿鞋。尽管生气,张良还是决定帮他穿上鞋。

_____

_____

请扫二维码,观看老师对学生作文片断的点评。

五、总结缩写的原则。

(1) 表示内容的词一般是什么样的词?

_____

_____

_____

(2) 什么样的内容可以删除?

_____

_____

（3）直接引语的改写原则是什么？

_____

_____

_____

六、找出范文(二)每段中的关键词。

范文(二)

　　上中学时,老师会一次又一次重复每一课里的关键内容。但进了大学以后,老师只会充当引路人的角色,学生必须自主地学习、探索和实践。走上工作岗位后,自学能力就显得更为重要了。微软公司曾作过一个统计:在每一名微软员工所掌握的知识内容里,只有大约10％是员工在过去的学习和工作中积累得到的,其他知识都是在加入微软后重新学习的。这一数据充分表明,一个缺乏自学能力的人是难以在微软这样的现代企业中立足的。

　　自学能力必须在大学期间开始培养。许多同学总是抱怨老师教得不好,自己懂得不多,学校的课程安排也不合理。我通常会劝这些学生说:"与其诅咒黑暗,不如点亮蜡烛。"大学生不应该只会跟在老师的身后亦步亦趋,而应当主动走在老师的前面。例如,大学老师在一个课时里通常要涵盖课本中几十页的信息内容,仅仅通过课堂听讲是无法把所有知识学通、学透的。最好的学习方法是在老师讲课之前就把课本中的相关问题琢磨清楚,然后在课堂上对照老师的讲解弥补自己在理解和认识上的不足之处。

七、分析范文(二)的写作逻辑。

（1）分析两段之间的逻辑关系。

_____

_____

_____

(2) 分析每一段的写作逻辑。

_____

_____

_____

(3) 如果把两段缩写成一段，要如何安排写作逻辑？

_____

_____

_____

八、段落写作：缩写范文(二)。

写作要求：

(1) 缩写成一段，把 415 字缩写到 170 字左右；

(2) 要用自己的语言缩写，不能出现和原文完全一样的句子。

评分标准：

总分为 5 分

(1) 内容是否完整(1 分)

(2) 重点是否突出(2 分)

(3) 整体质量如何(2 分)

九、评价学生段落缩写中的句子。

下面是两位学生范文(二)缩写作业中的一些句子，各有一些问题，请找出问题并尝试修改。

(1) 许多大学生抱怨老师的教导方式和学校的课程安排不合理。我通常告诉学生这句话："与其诅咒黑暗，不如点亮蜡烛。"大学生应该主动走在老师的前面。最好的学习方式是讲课之前预习课本的内容,然后在课堂上弥补自己在理解和认识上的不足之处。

评价与修改:

_____

_____

(2) 微软公司做过一个调查,他们发现缺乏自学能力的人在现代企业中不能立足。

评价与修改:

_____

_____

请扫二维码,观看老师对学生作文片断的点评。

学习目标：

(1) 注意文章的整体结构；

(2) 了解中心句的写法；

(3) 从不同的方面介绍某个地方的一个特点；

(4) 学习位置、气候等相关的书面语。

一、小组讨论。

(1) 介绍家乡，你们会介绍哪些内容？

_____

_____

_____

(2) 哪些内容写在开头？

_____

_____

_____

二、学习范文前，试一试用更正式的书面语改写句子的画线部分。

(1) 我的家乡法马古斯塔<u>是在</u>塞浦路斯的<u>东南</u>。

答案：＿＿＿＿＿＿＿

（2）法马古斯塔有 41 700 人。（请用概数表示）

答案：＿＿＿＿＿＿＿

三、阅读范文的开头，完成练习。

范文：我的家乡法马古斯塔

我的家乡法马古斯塔位于塞浦路斯的东南部，是塞岛东南海岸的一个城市，拥有 4 万多人口。法马古斯塔气候温和，是一个宜居城市。冬季不太寒冷，夏季漫长，不太炎热，年平均气温 22℃。

法马古斯塔的旅游业发达。作为主导产业，旅游业已成为城市经济的重要来源，每年前往塞浦路斯的游客超过 250 万，其中 80％的人选择在法马古斯塔度假。那里到处都是美丽的海滩，游客既能欣赏迷人的风景，还能体验丰富的活动。法马古斯塔的海景以碧蓝的大海和金色的沙滩著称，海水清澈见底，沙子又细又软。此外，白天在沙滩可以参与各种各样的水上运动，比如游泳、冲浪、水上摩托等。晚上露天电影和现场娱乐表演也不少，适合任何年龄的人观看。

法马古斯塔的美食尤其令人难以忘怀。从大型豪华酒店到家庭式小饭店，餐饮无处不在。在这里，所有的菜肴都用橄榄油烹饪而成，食材、香料也独具当地的地中海美食特色。厨师大量使用百里香、薄荷、肉桂、小茴香和香菜等香料。食材以海鲜为主，鱼、虾、蟹种类丰富。我推荐大家去专门吃鱼的家庭小饭馆，你可以品尝到口味正宗的烤鱼和当地的农家菜。每道菜的分量都很足，而且价格实惠。在沙滩旁的户外餐厅、酒吧，你可以津津有味地品尝当地的美味佳肴，或喝一杯清爽的饮料。法马古斯塔的美食不计其数，能让你一饱口福。

由于留学的缘故，我离开了家乡，到了中国上海。虽然我也很喜欢上海的生活，但是家乡法马古斯塔在我心中永远是最美丽的城市，那儿是心的所在，珍藏着许许多多关于海滩、美食的宝贵记忆。

（1）开头写了哪几方面的内容？

_____

_____

_____

（2）找到前面书面语的答案。

_____

_____

_____

四、表示位置的语言练习。

1. 位于……部

（1）上海_____中国的_____。

（2）哈尔滨_____中国的_____。

（3）昆明_____中国的_____。

2. ……部　……方　……边

（1）她个子小巧，长相清秀，是典型的中国_____女孩。

（2）日本在中国的_____。

（3）泰国是亚洲_____的一个国家。

（4）三亚是中国的一个_____城市，很多_____人喜欢去那儿过冬。

（5）上海的新天地融合了_____的建筑风格。

五、表示气候的语言练习。

（1）昆明四季如春，气候_____，是一个_____（适合居住的）城市。

（2）春、夏、秋、冬四个季节都很不一样：_____

（3）描写四个季节的形容词

春天_____　　夏天_____　　秋天_____　　冬天_____

（4）全年_____40.8℃，_____－5℃。

六、表示人口概数的语言练习。

(1) 法马古斯塔有 <u>41 700 人</u>。

(2) <u>上海有 24 151 500 人</u>。

(3) 22.6 万：

29.3 万：

25.1 万：

3.2 万：

七、请看学生写的句子,修改画线部分的内容。

(1) 我的家乡<u>在</u>日本首都东京的<u>上边</u>。

答案：＿＿＿＿＿＿

(2) 首尔的人口<u>是</u>近 1 000 万。

答案：＿＿＿＿＿＿

(3) 我的家乡拥有 <u>807.32 万</u>人口。（请用概数表达）

答案：＿＿＿＿＿＿

(4) 家乡的气候<u>是</u>四季分明,最高气温<u>是</u> 25.7℃ ,最低气温<u>是</u>－14.7℃ 。

答案：＿＿＿＿＿＿

八、小组讨论。

《我的家乡》中间部分是介绍家乡的重要特点,如果要写 2 个特点,你会写什么?
请具体介绍其中的一个特点。

＿＿＿＿＿＿＿＿＿＿＿＿＿＿＿＿＿＿＿＿＿＿＿＿＿＿＿＿＿＿

＿＿＿＿＿＿＿＿＿＿＿＿＿＿＿＿＿＿＿＿＿＿＿＿＿＿＿＿＿＿

＿＿＿＿＿＿＿＿＿＿＿＿＿＿＿＿＿＿＿＿＿＿＿＿＿＿＿＿＿＿

九、阅读范文中间部分(第二～三段)，完成练习。

    (1) 分析文章写了家乡的几个特点？分别是什么特点？

    _____

    _____

    (2) 写中心句时应注意什么？

    _____

    _____

    (3) 分析第二段的写作层次：几个方面说明旅游业发达？

    _____

    _____

十、段落写作。

    写作要求：

    (1) 从三个方面说明某个城市深受年轻人喜爱；

    (2) 第一句(中心句)：……深受年轻人喜爱；

    (3) 字数：200 字左右。

> 评分标准：
>
> 总分为 5 分
>
> (1) 内容是否围绕中心句(2 分)
>
> (2) 三个方面的内容是否平衡(1 分)
>
> (3) 语言整体质量如何(2 分)

十一、评价学生作业中的句子。

    下面的三句话是围绕中心句"上海深受年轻人喜爱"而写的三个方面，这三个句子还不够理想，请试试修改。

    (1) 上海交通发达，去哪里都很方便。

    _____

（2）上海有很多景点，比如外滩、东方明珠。

_____

_____

（3）上海是中国的经济中心。

_____

_____

请扫二维码，观看老师对学生作文片断的点评。

十二、完成句子。

1. 美味佳肴

（1）在沙滩旁的户外餐厅、酒吧，你可以津津有味地品尝当地的_____，或喝一杯清爽的饮料。

（2）上海是一个国际化的大城市，我们能品尝到_____。

（3）对我而言，在我品尝过的美味佳肴中_____是最独特的。

2. 无处不在

（1）从大型豪华酒店到家庭式小饭店，餐饮_____。

（2）很多年轻人选择来上海找工作，因为_____。

（3）只要你_____，生活中，美无处不在。

3. 独具……特色

（1）在这里，所有的菜肴都用橄榄油烹饪而成，食材、香料也独具当地的_____特色。

（2）去内蒙古旅游的时候，大家欣赏到了当地_____的歌舞表演,令人一饱眼福。

(3) 进口食品博览会上展出了很多_____的食品,有西班牙的橄榄油、法国的红酒、新西兰的牛肉和墨西哥的牛油果等。

4. 一饱口/眼福

(1) 法马古斯塔的美食不计其数,能让你_____。

(2) _____,让客人们一饱口福。

(3) 世界名画展近期在上海美术馆举行,_____

_____。

5. 珍藏

(1) 家乡_____许许多多关于海滩、美食的宝贵记忆。

(2) 妈妈生日那天,孩子送给她自己制作的生日卡,妈妈直到今天_____

_____。

(3) A：我们每个人都收到过各种各样的礼物。什么样的礼物值得我们好好珍藏?

B：对我而言,_____。

6. 宝贵　贵重　珍贵

选择词语,完成句子。

(1) 家乡珍藏着许许多多关于海滩、美食的_____记忆。

(2) 我和爷爷的这张照片特别_____,合影后的第二年爷爷就去世了。

(3) _____物品,请随身携带! 如若遗失,后果自负!

十三、请用书面语改写下面句子中画线的部分。

(1) 法马古斯塔气候温和,是一个<u>适合居住的</u>城市。

答案：_____

(2) 法马古斯塔夏季<u>很长</u>,不太炎热。

答案：_____

(3) <u>每年去</u>塞浦路斯的游客超过 250 万,其中 80% 的人选择在法马古斯塔<u>玩</u>。

答案：_____、_____

（4）你可以<u>很享受</u>地品尝当地的美味佳肴,或喝一杯清爽的饮料。

　　答案：＿＿＿＿＿＿＿

（5）法马古斯塔的美食<u>特别</u> <u>让人很难忘记</u>。

　　答案：＿＿＿＿＿＿、＿＿＿＿＿＿

（6）所有的菜肴都用橄榄油<u>做成</u>,食材、香料也独具当地的地中海美食特色。

　　答案：＿＿＿＿＿＿＿

（7）法马古斯塔的美食<u>非常</u>多,能让你一饱口福。

　　答案：＿＿＿＿＿＿＿

十四、搭配练习。

　　（1）品尝＿＿＿＿＿＿

　　（2）主导＿＿＿＿＿＿

　　（3）欣赏＿＿＿＿＿＿

　　（4）体验＿＿＿＿＿＿

　　（5）＿＿＿＿＿＿忘怀

　　（6）口味＿＿＿＿＿＿

　　（7）价格＿＿＿＿＿＿

十五、大作文：我的家乡＿＿＿＿＿＿。

　　写作要求：

　　字数：500 字以上；

　　（1）共写 4～5 段；

　　（2）开头：写位置、气候、人口等；

　　（3）中间 2～3 段,介绍 2～3 个特点(第一句为中心句)；

　　（4）结尾：对家乡的感情。

　　语言：下面的词语中至少使用 7 个。

| 位于 | 拥有 | 宜居 | 无处不在 | 美味佳肴 | 一饱口福 | 珍藏 |
| 发达 | 主导产业 | 以……为主 | 难以忘怀 | 由于……的缘故 | | |

　　图片要求：为了更好地让读者了解你的家乡,请在有关部分附上图片。

评分标准：

总分为 10 分

（1）每个特点（中心句）是否写得清楚、明确（1 分）

（2）每个特点是否进行了具体、充分说明（3 分）

（3）总体而言，内容是否有吸引力（2 分）

（4）结构是否合理（1 分）

（5）语言整体质量如何（3 分）

文字评价：

（1）老师最欣赏的一点：_____

（2）什么地方可以写得更好：_____

十六、修改下面的中心句，使中心句变得简洁、明确。

（1）神奈川有山和海，有丰富的自然，所以有独具特色的海鲜。

_____

_____

（2）东京人口密集，因为有了发达的交通环境，才使得人们每天能够出行方便。

_____

_____

（3）伦敦是政治、经济、文化中心。

_____

_____

（4）兰卡威四面环海，有不少岛屿、沙滩，其地理优势让旅游业成为主导产业。

_____

_____

十七、评价学生的段落提纲。

一位学生围绕他家乡的一个特点，写出了三方面的内容，根据后面的两个问题对内容进行评价，思考可以如何修改。

中心句：阿拉木图有很多名胜古迹，那儿的景色绚丽多姿。

具体说明：

（1）很多山，空气新鲜

（2）著名的滑冰场和滑雪场，来自世界各地的运动爱好者

（3）自然保护区，淡水湖泊，鸟

评价标准：

（1）中心句是不是写得清楚、明确；

（2）后面的内容是否很好地围绕中心句展开。

评价与修改：

请扫二维码，观看老师对学生作文片断的点评。

十八、评价学生作业段落。

下面是一位学生的作业段落，请评价哪些地方写得还不够好，并尝试修改。

外人看来，我的家乡十分平凡，没有秀丽的风景、时髦的商品，或者独特的美食，因此无法发展旅游产业吸引人们前去游玩。但是平泽有一个有名的港口，叫平泽港，是韩国主要的贸易港口之一。国内许多企业都建立在韩国的中部地区，再加上它是距离中国最近的港口，主要出口汽车、机械、木材等货物，所以对韩国的经济发展有着重要的作用。并且平泽港靠着湖和海，

虽然不是十分辽阔、壮观,但因为人迹稀少,到了周末,带着家人慢慢悠悠地散个步,看看风景,再吃一些周围饭店的美味佳肴还是很不错的。

> 评价与修改:
>
> _____
>
> _____
>
> _____
>
> _____

请扫二维码,观看老师对学生作文片断的点评。

十九、复习。

(一)

　　法马古斯塔各类菜肴的食材 1 _____ 海鲜为主,鱼、虾、蟹种类丰富。我推荐大家去专门吃鱼的家庭小饭馆,你可以品尝到口味 2 _____ 的烤鱼和当地的农家菜。每道菜的 3 _____ 都很足,而且价格实惠。在沙滩旁的户外餐厅、酒吧,你可以 4 津津 _____ 地品尝当地的美味佳肴,或喝一杯 5 _____ 的饮料。法马古斯塔的美食不计其数,能让你 6 一饱 _____。

(二)

　　由于留学的 7 _____,我 8 _____ 了家乡,到了中国上海。虽然我也很喜欢上海的生活,但是家乡法马古斯塔在我 9 _____ 永远是最 10 _____ 的城市,那儿是心的 11 _____,珍藏着许许多多关于海滩、美食的 12 _____ 记忆。

单元词语表

1. 位于（HSK 六级词）
2. 气候温和（温和：HSK 六级词）
3. 宜居城市
4. 寒冷
5. 漫长（HSK 六级词）
6. 炎热（HSK 六级词）
7. 发达（HSK 五级词）
8. 主导产业（主导：HSK 六级词；产业：HSK 六级词）
9. 度假
10. 碧蓝
11. 清澈见底（清澈：HSK 六级词）
12. 露天（电影）
13. 难以忘怀
14. 豪华（HSK 五级词）
15. 无处不在
16. 烹饪（HSK 六级词）
17. 口味正宗（口味：HSK 五级词）

18. 农家菜
19. 分量（HSK 六级词）
20. 津津有味（HSK 六级词）
21. 美味佳肴（佳肴：HSK 六级词）
22. 清爽
23. 不计其数
24. 一饱口福
25. 由于……的缘故（缘故：HSK 五级词）
26. 珍藏
27. 宝贵（HSK 五级词）

补充词语

28. 春季温暖　夏季炎热　秋季凉爽　冬季寒冷（温暖：HSK 五级词）
29. 气候宜人
30. 四季分明（分明：HSK 六级词）
31. 热情好客　热情友善（好客：HSK 六级词）

第八单元　游记

学习目标：

(1) 学习描写景物的词语和句子；

(2) 学习描写心理感受的词语和句子；

(3) 了解存现句的写法；

(4) 了解比喻句的写法。

一、看图片，请把下面画线的部分改成更正式的书面语。

（1）高高的大树和蓝色的天空连在一起。（使用动词"顶"；使用比"蓝色"更高级的词描写天空）

答案：_____

（2）天空中小鸟自由地_____，欢快地_____。

答案：_____、_____

（续表）

（3）山腰处流淌着一条<u>很干净</u>的小溪。
答案：＿＿＿＿＿＿＿

（4）路边<u>有各种各样颜色</u>的野花。
答案：＿＿＿＿＿＿＿

（5）山路<u>不是直</u>的，高高低低。
答案：＿＿＿＿＿＿＿

（6）蓝天、白云、青山、绿水，眼前的景象<u>太美了</u>！
（使用比喻句，"像……"）
答案：＿＿＿＿＿＿＿

二、爬山会很累，你知道有哪些词语、句子可以表示爬山很累，请写下来，越多越好。

三、阅读范文(一)，完成练习。

范文(一)：登雪岳山

二十岁那年，我正准备大学入学考试，由于学习压力很大，我整日闷闷不乐。有一天，爸爸带我去登雪岳山散心。

雪岳山海拔超过1500米，是韩国最知名的自然景观。早就听说那里是天然氧吧，到达雪岳山入口时，顿感空气清新。放眼望去，满眼都是绿树和鲜花，高高的大树顶着蔚蓝的天空，天空中小鸟自由地飞翔，欢快地鸣叫。

我们沿着山路足足走了两个多小时，山路弯弯曲曲、高低不平。路边盛开着五彩缤纷的野花，香气扑鼻。山腰处流淌着一条清澈见底的小溪，两边都是大块光滑的岩石。我们坐到岩石上，兴奋地把脚伸进水里，溪水无比凉爽。抬头仰望，蓝天上的白云有的像一团团软软的棉花糖；有的像一片片白白的雪花；有的像一朵朵盛开的莲花。蓝天、白云、青山、绿水，眼前的景色犹如一幅美丽的山水画，让我深深着迷。

稍作休息，我们继续爬山。越往上，山越陡，越难爬，一个台阶接着一个台阶，我累得汗流浃背。向上又爬了两个多小时，每爬一步，不仅脚要用力蹬，胳膊也要使劲地拉栏杆，我气喘吁吁，腿脚发软。渐渐地，我发现双腿开始不听使唤，连抬腿都非常吃力。背上的包好像一块大石头，重重地压着我，让我直不起身子。"我爬不动了！"心里嘀咕着。就在这时，爸爸大喊一声："加油！就快到了！"我顿时来了精神，几乎小跑着向山顶攀登。

终于登到了山顶，此时正是日落时分。太阳一步一步，从容地越过雪岳山，向西下沉。金色的光芒洒向天空、群山、河流，一切都被染成了金黄色，这壮丽的景象让人仿佛置身于仙境。不一会儿，金光闪闪的落日变成橙红色，再一转眼，落日躲到了山后，一下子消失了。天空渐渐黯淡下来，山中一片寂静。这变幻莫测的景象令我惊叹不已，内心万分激动，久久不能平静。

攀登雪岳山虽然艰辛，但非常值得，因为没有那艰难的攀登，我就领略不到山顶的奇观！一瞬间，我似乎明白了很多道理……回家后，我的生活跟以前看似相同，其实内心发生了巨大的变化。我振作起来，鼓足干劲继续投入学习。

(1) 找出第二～三段中描写环境的词句，和前面图片描写的答案进行比较。

_____

_____

(2) 找出第四段中表示作者很累的词句，和你们阅读以前写的答案进行比较。

_____

_____

(3) 第五段中变幻莫测的景象具体指什么？

_____

_____

(4) 结尾的一句话："一瞬间，我似乎明白了很多道理"，作者明白的道理是什么？

_____

_____

四、学习存现句的用法。

1. 根据范文(一)完成填空。

(1) 路边_____五彩缤纷的野花，香气扑鼻。

(2) 山腰处_____一条清澈见底的小溪。

2. 根据存现句的结构为下列词语排序。

| 名词 | 地方 | 着 | 数词＋量词 | 动词 | 形容词 |

排序：_____

3. 根据存现句的结构，描写图片的景色。

（1）山上_____松树。

（2）花丛中_____蝴蝶。

（3）岸边_____小船。

五、学习比喻句的用法(一)。

1. 根据范文(一)完成填空。

（1）蓝天、白云、青山、绿水，眼前的景色就像_____美丽的山水画。

(2) 背上的包就像_____,重重地压着我,让我直不起身子。

(3) 抬头仰望,蓝天上的白云有的像_____的棉花糖;有的像_____的雪花;有的像_____的莲花。

2. **按照比喻句的结构,为下列词语排序。**

名词	形容词/动词	像	数词+量词	的

排序:_____

3. **阅读下面的句子,请写出"像"的同义词。**

"像"的同义词:_____

(1) 蓝天、白云、青山、绿水,眼前的景色犹如一幅美丽的山水画,让我深深着迷。

(2) 背上的包好像一块大石头,重重地压着我,让我直不起身子。

(3) 金色的光芒洒向天空、群山、河流,一切都被染成了金黄色,这壮丽的景象让人仿佛置身于仙境。

六、学习范文(二),完成下面的练习。

范文(二): 普吉岛之行

今年寒假,我和几个朋友前往普吉岛游览。普吉岛是泰国最大的海岛,也是闻名天下的旅游胜地。

第一天,我们兴致勃勃地从酒店去海滩。坐在车上,远远地就能望见无边无际的金色海滩。海水在烈日的照耀下波光粼粼,与广阔的天空连为一体,美得难以言表。深邃的大海、湛蓝的天空、高大的椰树,这一切让我们看得入迷。到了海滩,我们脱下鞋,光着脚跑来跑去,脚下的沙子又细又软,踩上去舒服极了!海滩上有不少游客,有的人在游泳,有的人在晒太阳,有的人沿着海滩漫步,还有的人在堆沙子。我们一边欣赏着美景,一边悠闲地捡拾海边的贝壳。贝壳有的像尖尖的宝塔,闪着金色的光芒;有的像天使的翅膀,洁白无瑕;有的像孔雀的尾巴,五彩缤纷。我们在海滩上尽情地游玩，不知不觉红彤彤的太阳就快下山了。

第二天，我们乘快艇去珊瑚岛，那儿是泰国著名的潜水胜地。到了珊瑚岛，我们迫不及待地穿上潜水衣，戴上潜水镜，慢慢地潜入海中。入水后，映入眼帘的是一大片珊瑚群，珊瑚有黄色的、红色的、蓝色的、紫色的、绿色的，真是五颜六色。形状也各不相同，有的像盛开的花朵，有的像分叉的鹿角，有的像伞状的蘑菇，真是千姿百态。珊瑚中还隐藏着许多小鱼和海星，热带鱼一条一条地游到我的身边，我伸手抚摸，鱼儿并不躲闪，对我十分友好。海星身上布满了星星点点的斑纹，散落在珊瑚丛中，就像一块块色彩艳丽的宝石，美不胜收。海底世界的奇妙景观让我们大饱眼福、流连忘返。

在随后的几天里，我们饶有兴趣地参观了热带水果园，品尝了山竹、榴莲、龙宫果、椰子等新鲜水果，还享受了独具特色的泰式按摩。虽然旅游时间不长，不过我和朋友们玩得很尽兴，四天后我们恋恋不舍地踏上了归途。

（1）分析第二段从哪几个方面写在海滩游玩的内容？

_____

_____

_____

（2）分析第三段从哪几个方面写海底世界的奇妙景观？

_____

_____

_____

_____

七、学习比喻句的用法（二）。

1. 根据范文（二）第二段完成填空。

海滩上的贝壳有的像_____；有的像_____

_____ ;有的像_____ 。

2. **学习比喻句的复杂结构,根据下列图片选择词语并排序。**

> A 像……＋B,怎么样。

洁白无瑕　白色的蘑菇　一面　一个个　闪着微光　巨大的镜子　天使的翅膀

星星点点　没有一点起伏　散落各处

（1）贝壳像_____ ,_____ 。

（2）湖面像_____ ,_____ ,_____ 。

（3）草原上的帐篷像_____ ,_____ ,_____ 。

八、段落写作。

写作要求：

（1）用比喻句的复杂结构描写图片

比喻句的复杂结构：A 像……B,怎么样

(2) 这段话的写作内容：烟花有的像……有的像……有的像……真是……。

烟花有的像＿＿＿＿＿＿＿＿＿＿＿＿＿＿＿＿＿＿＿＿＿＿

＿＿＿＿＿＿＿＿＿＿＿＿＿＿＿＿＿＿＿＿＿＿＿＿＿＿＿＿＿

＿＿＿＿＿＿＿＿＿＿＿＿＿＿＿＿＿＿＿＿＿＿＿＿＿＿＿＿＿

＿＿＿＿＿＿＿＿＿＿＿＿＿＿＿＿＿＿＿＿＿＿＿＿＿＿＿＿＿

评分标准：

总分为 5 分

(1) 比喻句的内容是否合适(2 分)

(2) 语言整体质量如何(特别是比喻句复杂结构的使用)(3 分)

请扫二维码,观看老师对学生作文片断的点评。

九、完成句子。

1. 找出范文(二)中表示旅行时心情和感受的词语。

(1) 第一天,我们＿＿＿＿＿＿地从酒店去海滩。

(2) 我们在海滩上＿＿＿＿地游玩,不知不觉红彤彤的太阳就快下山了。

(3) 到了珊瑚岛,我们＿＿＿＿地穿上潜水衣,戴上潜水镜,慢慢地潜入海中。

(4) 海底世界的奇妙景观让我们大饱眼福、＿＿＿＿。

(5) 我们＿＿＿＿地参观了热带水果园,品尝了山竹、榴莲、龙宫果、椰子等新鲜水果。

(6) 虽然旅游时间不长,不过我和朋友们玩得很＿＿＿＿,四天后我们＿＿＿＿＿地踏上了归途。

2. 尽情　尽兴

选择词语,完成句子。

(1) 我们在海滩上_____地游玩。

(2) 虽然旅游时间不长,不过我和朋友们玩得很_____。

(3) 人生最重要的是珍惜当下,_____现在的时光。

(4) 从电影院出来后,大家_____,马上又去对面的KTV唱歌。

(5) 晚上,我和朋友_____。

3. 入迷　着迷(比较:迷住　迷人)

选择词语,完成句子。

(1) 深邃的大海、湛蓝的天空、高大的椰树,这一切让我们看得_____。

(2) 眼前的景象就像一幅美丽的山水画,让我深深_____。

(3) 我被这壮丽的景观_____了,惊叹不已。

(4) 普吉岛_____的自然风光吸引了世界各地的游客。

(5) 手机游戏_____,他连吃饭睡觉都顾不上。

(6) 她的_____很迷人,不少男生都喜欢她。

十、请用书面语改写下面句子中画线的部分。

(1) 越往上,山越陡,越难爬,我累得背上都是汗。

答案:_____

(2) 金色的光芒洒向天空、群山、河流,一切都被染成了金黄色,这美丽的景象让
人好像置身于仙境。

答案:_____

(3) 攀登雪岳山虽然辛苦,但非常值得,因为没有那艰难的攀登,我就领略不到山
顶的奇观!

答案:_____

(4) 普吉岛是泰国最大的海岛,也是很有名的旅游的好地方。

答案:_____、_____

(5) 海水在烈日的照耀下波光粼粼,与很广的天空连为一体。

答案:_____

(6) 我们一边欣赏着美丽的风景，一边<u>不着急</u>地<u>捡</u>海边的贝壳。

答案：_____、_____

(7) 珊瑚岛是泰国<u>有名</u>的潜水<u>好地方</u>。

答案：_____、_____

(8) 入水后，<u>看到</u>的是一大片珊瑚群。

答案：_____

十一、四字词填空练习。

(1) 由于学习压力很大，我整日闷闷_____。

(2) 越往上，越难爬，我累得_____浃背。

(3) 我气喘_____，腿脚发软。

(4) 这_____莫测的景象令我惊叹_____。

(5) 我们_____勃勃地从酒店去海滩。

(6) 远远地就能望见_____无际的金色海滩。

(7) 海水在烈日的照耀下_____粼粼，美得难以_____。

(8) 有的贝壳像天使的翅膀，_____无瑕。

(9) 不知_____红彤彤的太阳就快下山了。

(10) 我们迫不_____地穿上潜水衣，慢慢地潜入海中。

(11) 入水后，_____眼帘的是一大片五颜_____、千姿_____的珊瑚群。

(12) 海底世界的奇妙景观让我们_____眼福、流连_____。

(13) 我们饶有_____地参观了热带水果园，还享受了独具_____的泰式按摩。四天后我们恋恋_____地踏上了归途。

十二、大作文：**游记(题目自定)**。

写作要求：

(1) 要有描写景物的词句；

(2) 要有描写旅游者感受的词句；

(3) 请使用存现句、比喻句(在作文中画出)；

(4) 字数：500 字以上；

(5) 四字词：2 个以上；

（6）至少使用范文中的 10 个以上词语，请画出。

评分标准：

总分为 10 分

（1）景物描写是否好（2 分）

（2）心理感受描写是否好（1 分）

（3）存现句写得是否好（1 分）

（4）比喻句写得是否好（1 分）

（5）内容是否吸引人（2 分）

（6）结构是否合理（1 分）

（7）语言整体质量如何（2 分）

文字评价：

（1）老师最欣赏的一点：＿＿＿＿＿＿＿＿＿＿

（2）什么地方可以写得更好：＿＿＿＿＿＿＿＿＿

十三、评价学生作业段落。

（1）如何把下面的这段写得更好？

刚到达台湾屏东，已经 12 点了，于是那天我们就简单地在同学家附近体验她的高中生活。她就读的屏东女中，有一条美食街，叫林森路，有好喝的 38 奶茶，还有不知道为什么那么甜的金萱双 Q，不过我都很喜欢。有漂漂亮亮的胜利新村夜景，很惬意的音乐餐厅、文青文创区、求婚的行人红绿灯，还有很多可爱的猫咪。

评价与修改：

＿＿＿＿＿＿＿＿＿＿＿＿＿＿＿＿＿＿＿＿＿＿＿＿＿＿＿＿＿＿＿＿

＿＿＿＿＿＿＿＿＿＿＿＿＿＿＿＿＿＿＿＿＿＿＿＿＿＿＿＿＿＿＿＿

＿＿＿＿＿＿＿＿＿＿＿＿＿＿＿＿＿＿＿＿＿＿＿＿＿＿＿＿＿＿＿＿

＿＿＿＿＿＿＿＿＿＿＿＿＿＿＿＿＿＿＿＿＿＿＿＿＿＿＿＿＿＿＿＿

请扫二维码，观看老师对学生作文片断的点评。

（2）下面的几段使用了不少本单元学过的词语，请找出来，并分析如何把下面的几段写得更好？

　　到达凯恩斯的第一天，早上六点，我搭乘首班车前往当地最大的热带雨林公园。从酒店到车站有一段路，在烈日的照耀下，只带着一个背包的我，没走几步就汗流浃背了。这片热带雨林拥有多种独特的植物，如世界上密度最高的原始有花植物。我乘坐园内小火车游览，车上看到的景色美得难以言表，蔚蓝的天空、高低不平的山脉，这一些让我看得入迷。下山时，需要坐缆车，在缆车中可以享受空中的美好时光，坐在车里的我们仿佛像鸟儿一样飞翔，是一次宝贵的体验。

　　让我印象最深的是第二天的跳伞。跳伞的地点位于海边，我兴致勃勃地从酒店去海边，坐在车上，远远地就能望见无边无际的大海。我在烈日下登上一架轻型飞机，迫不及待地等待着跳伞的那一刻。背着降落伞，缓缓下降时，映入眼帘的是湛蓝的大海，壮丽的大堡礁与广阔的天空连为一体，眼前的景色让我深深地着迷。空中看到的奇妙景观让我大饱眼福，真希望降落伞可以带着我在空中久久停留。

本单元学过的词语：

_____

_____

_____

_____

评价与修改：

_____

_____

_____

_____

请扫二维码，观看老师对学生作文片断的点评。

十四、复习。

（一）

我们沿着山路足足走了两个多小时，山路1_____曲曲、2_____
不平。路边盛开着五彩3_____的野花，香气扑鼻。山腰处流淌着一条
4_____见底的小溪，两边都是大块光滑的岩石。我们坐到岩石上，兴奋
地把脚伸进水里，溪水无比5_____。抬头6_____，蓝天上的白云
有的像一团团软软的棉花糖；有的像一片片白白的雪花；有的像一朵朵
7_____的莲花。蓝天、白云、青山、绿水，眼前的8_____就像一幅美
丽的山水画，让我深深9_____。

（二）

第一天，我们10兴致_____地从酒店去海滩。坐在车上，远远地就
能望见11无边_____的金色海滩。海水在烈日的12_____下波光
粼粼，与13_____的天空连为一体，美得难以言表。14_____的大
海、15_____的天空、高大的椰树，这一切让我们看得16_____。到
了海滩，我们脱下鞋，17_____着脚跑来跑去，脚下的沙子又细又软，
18_____上去舒服极了！

单元词语表

1. 闷闷不乐
2. 弯弯曲曲（弯曲：HSK 六级词）
3. 高低不平
4. 盛开（HSK 七～九级词）
5. 五彩缤纷
6. 仰望
7. 犹如
8. 着迷
9. 汗流浃背
10. 气喘吁吁
11. 攀登
12. 壮丽
13. 仿佛（HSK 六级词）
14. 仙境
15. 变幻莫测（HSK 七～九级词）
16. 惊叹不已（惊叹：HSK 七～九级词；不已：HSK 七～九级词）
17. 闻名天下（天下：HSK 六级词）
18. 旅游胜地

19. 兴致勃勃
20. 无边无际
21. 照耀（HSK 六级词）
22. 广阔（HSK 六级词）
23. 难以言表（难以：HSK 五级词）
24. 入迷
25. 悠闲
26. 捡拾（捡：HSK 六级词；拾：HSK 五级词）
27. 尽情（HSK 七～九级词）
28. 迫不及待（HSK 七～九级词）
29. 映入眼帘
30. 千姿百态
31. 美不胜收
32. 大饱眼福
33. 流连忘返
34. 饶有兴趣
35. 尽兴
36. 恋恋不舍（HSK 七～九级词）

学习目标：

(1) 了解 HSK 六级写作要求；

(2) 了解 10 分钟阅读的注意事项；

(3) 学会写文章的提纲：

① 了解如何从每段中找出表示重要信息的词语；

② 合并段落，把一篇长的文章缩成四～五段；

(4) 了解如何给文章写题目。

一、HSK 六级写作要求。

(1) 阅读＿＿＿＿＿＿＿分钟，阅读时不能抄写、记录。

(2) 拿走阅读材料，写作＿＿＿＿＿＿＿分钟。

(3) 缩写文章，字数＿＿＿＿＿＿＿左右。

(4) 文章题目是自己写还是已经有了？＿＿＿＿＿＿＿＿＿＿＿＿

二、阅读时注意什么？

(1) 怎么读文章？

＿＿＿＿＿＿＿＿＿＿＿＿＿＿＿＿＿＿＿＿＿＿＿＿＿＿＿＿＿＿＿＿＿

＿＿＿＿＿＿＿＿＿＿＿＿＿＿＿＿＿＿＿＿＿＿＿＿＿＿＿＿＿＿＿＿＿

＿＿＿＿＿＿＿＿＿＿＿＿＿＿＿＿＿＿＿＿＿＿＿＿＿＿＿＿＿＿＿＿＿

（2）阅读时不能抄写、记录怎么办？

_____

_____

_____

（3）遇到看不懂的词语怎么办？

_____

_____

_____

（4）文章有很多段，怎么办？

_____

_____

_____

三、范文（一）共有十段，请合并成四段。

范文（一）

（1）1978年，当我准备报考电影系时，父亲十分反感，他觉得这一行竞争太激烈。当时我一意孤行，父亲和我的关系从此恶化，近20年间和我说的话不超过100句。

（2）但是，等我从电影学院毕业后，我终于明白了父亲的苦心。在电影界，一个没有任何背景的人要混出名堂来，谈何容易。从1983年起，我经过了6年多漫长而无望的等待，大多数时候都是帮剧组看看器材，做点儿剪辑助理、剧务之类的杂事。最痛苦的经历是，曾经拿着一个剧本，两个星期跑了30多家公司，一次次面对别人的白眼和拒绝。

（3）这样的奔波毕竟还有希望，最怕的是拿着一个剧本，别人说可以，然后这里改，那里改，改完了等投资人的意见，意见出来了再改，再等待，可最终还是石沉大海，没了消息。

（4）那时候，我已经将近 30 岁了。古人说："三十而立。"而我连自己的生活都还没法自立，怎么办？继续等待，还是就此放弃心中的电影梦？幸好，我的妻子给了我最及时的鼓励。

（5）妻子是学生物的，毕业后她在一家小研究室做药物研究员，薪水少得可怜。那时候我们已经有了大儿子，为了缓解内心的愧疚，我每天除了在家里读书、看电影、写剧本外，还包揽了所有家务，负责买菜、做饭、带孩子，将家里收拾得干干净净。还记得那时候，每天傍晚做完晚饭后，我就和儿子在门口，一边讲故事给他听，一边等待"英勇的猎人妈妈带着猎物回家"。

（6）这样的生活对一个男人来说，是很伤自尊心的。有段时间，岳父母让妻子给我一笔钱，让我拿去开个餐馆，也好养家糊口。但好强的妻子拒绝了，把钱还给了老人。我知道这件事后，辗转反侧想了好几个晚上，终于下定决心：也许这辈子电影离我太远了，还是面对现实吧。

（7）后来，我去了社区大学，看了半天，最后心酸地报了一门电脑课。在那个生活压倒一切的年代，似乎只有电脑可以在最短时间内让我有一技之长。那几天我一直萎靡不振，妻子很快就发现了我的反常，细心的她发现了我包里的课程表。那晚，她一宿没和我说话。

（8）第二天，她去上班，快要上车了，突然，她转过身来，一字一句地告诉我："安，要记得你心里的梦想。"

（9）那一刻，我心里像突然起了一阵风，那些快要淹没在庸碌生活里的梦想，像那个早上的阳光，一直射进我的心底。妻子上车走了，我拿出包里的课程表，慢慢地撕成碎片，丢进了门口的垃圾桶。

（10）后来，我的剧本得到赞助，开始自己拿起了摄像机。再到后来，一些电影开始在国际上获奖。这个时候，妻子重提旧事，她才告诉我："我一直相信，人只要有一项长处就足够了，你的长处就是拍电影。学电脑的人那么多，又不差你李安一个。你要想成功，就一定要坚持你心里的梦想。"

1. _____　　　2. _____　　　3. _____　　　4. _____

四、写提纲。

写提纲的方法：根据老师给出的合并段落答案，在每一段找出关键词。关键词可以是词组形式，每一段关键词不超过 5 个。

（1）＿＿＿＿＿＿＿＿＿＿＿＿＿＿＿＿＿＿＿＿＿＿＿＿＿＿＿＿＿＿＿＿

（2）＿＿＿＿＿＿＿＿＿＿＿＿＿＿＿＿＿＿＿＿＿＿＿＿＿＿＿＿＿＿＿＿

（3）＿＿＿＿＿＿＿＿＿＿＿＿＿＿＿＿＿＿＿＿＿＿＿＿＿＿＿＿＿＿＿＿

（4）＿＿＿＿＿＿＿＿＿＿＿＿＿＿＿＿＿＿＿＿＿＿＿＿＿＿＿＿＿＿＿＿

五、给范文(一)写一个题目。

题目：＿＿＿＿＿＿＿＿＿＿＿＿＿＿＿＿＿＿

六、改写直接引语，并对复杂内容进行缩写。

（1）妻子转过身来，一字一句地告诉我："安，要记得你心里的梦想。"

＿＿＿＿＿＿＿＿＿＿＿＿＿＿＿＿＿＿＿＿＿＿＿＿＿＿＿＿＿＿＿＿＿＿＿＿

＿＿＿＿＿＿＿＿＿＿＿＿＿＿＿＿＿＿＿＿＿＿＿＿＿＿＿＿＿＿＿＿＿＿＿＿

（2）妻子告诉我："我一直相信，人只要有一项长处就足够了，你的长处就是拍电影。学电脑的人那么多，又不差你李安一个。你要想成功，就一定要坚持你心里的梦想。"

＿＿＿＿＿＿＿＿＿＿＿＿＿＿＿＿＿＿＿＿＿＿＿＿＿＿＿＿＿＿＿＿＿＿＿＿

＿＿＿＿＿＿＿＿＿＿＿＿＿＿＿＿＿＿＿＿＿＿＿＿＿＿＿＿＿＿＿＿＿＿＿＿

七、大作文：阅读范文(二)，按要求缩写。

写作要求：

（1）时间：35 分钟；

（2）字数：400 字左右；

（3）语言：不出现与阅读的文章完全相同的句子；

（4）题目自拟。

评分标准：

总分为 10 分

(1) 题目是否合理(1分)

(2) 结构是否合理(2分)

(3) 内容是否完整(2分)

(4) 是否抓住了重点(2分)

(5) 语言整体质量如何(3分)

范文(二)

在生活中,有很多人埋怨自己没有机遇,不能在事业上取得优异的成绩,但是如果你能认真留意生活中的每个细节,可能就会找到灵感,就会找到使事业成功的机遇。

记得有这样一个故事:一个穷人跑到城市里去生活,他没有生活来源,就靠在垃圾堆里捡一些工厂的脚布,制作成拖把卖出去,结果挣了2000元。这时他突然想到可以直接收购废品厂的脚布,用来制成拖把和抹布赚钱。于是他将赚来的钱都用来收购脚布,小的制成抹布,大的制成拖把,不久他赚足了钱,还开了一家公司,生意越来越红火。谁会从工厂的脚布中找到机遇,谁会从中看到机会? 只有那个穷人能从小事中找到灵感,从灵感中找到成功的机遇。这个故事教育我们应该从小事中找到成功的途径。

还有这样一个故事:一家机器制造公司,在经济危机中遭到很重的打击,有许多大型机器放在仓库中卖不出去。公司的许多领导对此想尽办法,却拿不出解决的对策来,只能看着这些机器在仓库里存放着。有一天,公司的总经理听见了机器的工作的声音,他很好奇,就出去观看了机器工作的全过程。看完以后,总经理非常感兴趣。于是就自己找到操作机器的司机,让他来教自己如何使用。他花了几天的时间学会了如何驾驶，并从中感受到了乐趣。他心想现在的年轻人整天工作，没有休息的时间，是不是可以找一块空地，专门教年轻人使用这些机器来放松心情呢？他勇敢地实践自己的想法，结果正如他所愿，很多人都来这里玩这些大型机器，并且玩儿得非常高兴。这样一传十，十传百，整个城市的人都知道了这个游戏的好地方，最后这块空地就被开发成了游乐园，成为人们休闲娱乐的好去处。这位经理也使公司渡过了难关，逐渐变得强大，后来成了国内外著名的大公司。

上述两个故事给了我们很多的启示。工厂的脚布、仓库里长期存放的机器，在一般人看来并没有什么用处，很容易忽略这些细节，但这两个人都能有自己的独特想法，从小事中找到灵感，寻找机遇，并不断地探索，最终获得了成功。这正是由于他们勇于抓住身边的细节，寻找属于自己的机会，所以成功的大门才会为他们打开，他们才能尝到胜利的果实。其实在现实生活中，有很多成功人士与他们有相似的经历，都是从细节中看出问题，从中找到机遇，收获成功！

朋友们，生活中并不缺少机遇，而是缺少发现机遇的眼睛。只要我们平时多注意周围的事情，多观察生活中的点点滴滴，勇于开动脑筋，寻找灵感，我们就能发现机会，把握机会，就一定能开启成功之门。

八、评价学生作业段落。

（1）请评价下面的缩写段落在哪些地方写得还不够好，并尝试修改。

这里有一个穷人的故事，他在城市生活，他没有经济来源，就靠垃圾桶里发现工厂脚布制作拖把，挣了2 000元。他用赚到的所有的钱去收购了废品工厂的脚布，不久他赚足了钱，也还开了一家公司。这故事告诉我们从小事能找到成功的机会。还有一个故事，因为经济危机使得大型机器在仓库卖不出去，公司领导都对此想尽方法。有一天，公司的总经理被机器的声音所吸引去观看了机器工作的全过程并且学着操作。他想到是否可以教年轻人使用这些机器放松工作压力呢？他去实践了，并成功了。

后来整个城市都知道这个游戏的好处，并且成为了游乐园。这个公司后来变成国内外著名的大企业。

评价与修改：

请扫二维码，观看老师对学生作文片断的点评。

（2）下面的缩写段落运用了不少与原文不同的词语，很好地表达了原文的意思。请尝试找出这些词语。

在经济危机中，一家机器制造公司的机器卖不出去了。公司领导绞尽脑汁，毫无办法。有一天公司总经理偶然听见仓库里有机器运转的声音，于是他很好奇地进去看。他突然产生了操作机器的冲动。工厂师傅教他操作机器，他玩得很开心。然后他突然想到这是一个解决问题的办法，可以把机器租给感兴趣的年轻人操作，让工作繁忙的他们可以借此放松心情。

与原文不同的词语：

第十单元　谈谈……的利弊

学习目标:

(1) 了解讨论一个有争论性的话题文章可采用的结构(开头、中间、结尾);

(2) 了解开头、中间和结尾的写作要点;

(3) 了解如何围绕一个中心句,从不同方面具体说明;

(4) 了解议论文中表示逻辑关系的连接词语(一段各部分之间,段和段之间)。

一、写作知识: 如何写议论文的开头部分?

要点:

(1) 介绍与题目有关的背景,背景从大到小;

(2) 在开头的最后一句,提出文章将要讨论的话题。

二、下面是一篇议论文的开头段落,阅读后回答问题。

在人类的发展过程中,科学技术使新发现、新发明接连不断。目前,世界上最热门的科技发明之一就是克隆(clone)技术。使用克隆技术,人类已经成功地克隆出了一些动物,而克隆人的出现也许是迟早的事情。但对于克隆人问题,在世界上引起了广泛的争论。

（1）开头部分背景的写作层次是什么？

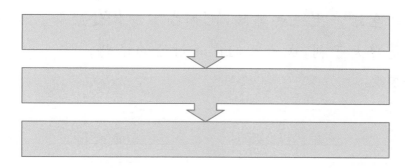

（2）从开头看，文章讨论的话题是什么？

_____

_____

（3）根据开头，文章的题目可能是什么？

谈谈_____

三、如何给《谈谈看电视的利弊》写开头？

注意：可以把看电视理解成广义的概念，除了电视机，用手机、ipad 看视频都算是看电视。

分两部分写：背景→提出讨论的话题

背景：从大到小

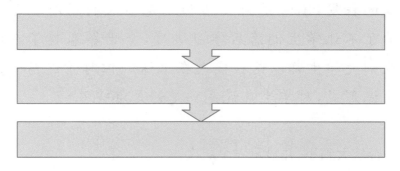

讨论话题：_____

四、学习范文的开头，找出背景的写作层次是什么？讨论的话题是什么？

早在 20 世纪 80 年代，电视机成为家家户户必备的电器。现代社会，随着网络的普及，各种电子产品应运而生。人们可以借助电脑、手机、

ipad 收看电视节目。看电视一方面成为人们不可或缺的休闲活动，另一方面对人们的生活产生一些弊端，比如损害身体健康等。看电视究竟是利大于弊还是弊大于利，成为人们广泛讨论的话题。

背景写作层次：

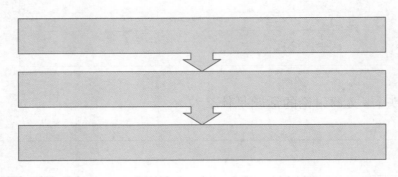

讨论的话题：＿＿＿＿＿＿＿＿＿＿＿＿＿＿

五、小组讨论：选择一个有争论性的、值得讨论的题目。

谈谈＿＿＿＿＿＿＿＿的利弊

六、评价学生写作段落。

请看一位学生写的议论文开头段落，根据下面的评价标准对内容进行评价，思考如何修改。

随着疫情的暴发，不管是群聚活动或是多人的场所都存在染上疾病的风险。而为了不让学生们落后学习进度，全世界卷起了在线上课的风潮。从小学生到大学生都以这种模式在上课。但对于这与传统上课形式迥然不同的上课形式，对学生来说究竟是好是坏呢？

评价标准：

（1）背景是否从大到小，并显示三个层次？

（2）最后是否引出了要讨论的话题？

评价与修改：

＿＿＿＿＿＿＿＿＿＿＿＿＿＿＿＿＿＿＿＿＿＿＿＿＿＿＿＿

＿＿＿＿＿＿＿＿＿＿＿＿＿＿＿＿＿＿＿＿＿＿＿＿＿＿＿＿

_____

_____

请扫二维码，观看老师对学生作文片断的点评。

七、写作知识：如何写议论文《谈谈……的利弊》的主体部分？

要点：

（1）主体部分由两段组成；

（2）每一段：中心句→具体说明部分→（总结句）；

（3）段与段之间、每段的不同部分之间应该用一些词语连接，表逻辑关系。

八、下面是一篇议论文的主体部分，阅读后回答问题。

　　随着生活水平的日益提高，不知从何时开始，肥胖已经成为一个不受欢迎的词。首先，肥胖意味着不美。目前，减肥成为一种时尚，不要说胖人，就连那些我们看起来胖瘦适中的人也在忙着减肥、健身，那是为了追求完美。其次，肥胖意味着不健康。肥胖会引起多种疾病，比如高血脂、高血压、心脏病、糖尿病等。可以说，现在肥胖已经成了富裕起来的人们最害怕的事。

　　（1）这一段的中心句是什么？

_____

_____

_____

　　（2）从几个方面具体说明中心句？

_____

_____

_____

（3）总结句是什么？

_____

_____

_____

（4）用哪些连接词来表示逻辑关系？

_____

_____

_____

九、《谈谈看电视的利弊》主体部分写作。

写提纲：

（1）写出一个好处或坏处是什么。（用完整句子表达）

（2）围绕这个好处或坏处，写出如何具体说明。（用关键词表达）

看电视有诸多好处	
（1）	第一个好处： 具体说明：
（2）	第二个好处： 具体说明：
（3）	第三个好处： 具体说明：

看电视也有一些坏处	
（1）	第一个坏处： 具体说明：
（2）	第二个坏处： 具体说明：
（3）	第三个坏处： 具体说明：

十、评价学生写的句子。

下面是学生写的两个小中心句，写了看电视的一个好处和一个坏处。请评价哪里写得还不够好,并尝试修改。

（1）看新闻节目能培养人们社会全局的意识。

_____

_____

（2）看电视容易上瘾,视力可能会下降。

_____

_____

请扫二维码,观看老师对学生作文片断的点评。

十一、阅读范文第二～三段,完成下面的练习。

范文：谈谈看电视的利弊

　　早在 20 世纪 80 年代,电视机成为家家户户必备的电器。现代社会,随着网络的普及,各种电子产品应运而生。人们可以借助电脑、手机、ipad 收看电视节目。看电视一方面成为人们不可或缺的休闲活动,另一方面对人们的生活产生一些弊端,比如损害身体健康等。看电视究竟是利大于弊还是弊大于利,成为人们广泛讨论的话题。

　　看电视有诸多好处。首先,通过看电视,可以加深人们对世界的了解。在这个高速发展的时代,世界上每时每刻都在发生变化,人们要获取世界各地最新最全面的消息,看电视无疑是一种省时省力的途径。世界很大,我们能去的地方毕竟有限,而有关旅游的节目可以让我们足不出户就能观赏到异国优美、迷人的风景。其次,电视节目丰富多彩,可以满足不同人群的需求。男性关心政治、时事,通过观看新闻节目,可以在第一时间了解世界各国的重要事件。女性关注人与人之间的情感,言情片所创造的浪漫世界让她们陶醉其中,可以暂时摆脱平淡无味的现实生活。

科学教育频道深受青少年的欢迎，各类纪录片展示了丰富的自然、科学、历史知识，让人们的视野变得更加开阔。

虽然看电视有很多好处，但带给我们的负面影响也不容忽视。第一，长时间看电视对身体健康是非常不利的。现代人的工作大多以坐着为主，如果下班后的空余时间被电视占据，缺乏运动，人会变得越来越肥胖、虚弱。走路不到 1 小时，就感到疲惫不堪，腿脚发软。而且电子产品发出的辐射波会刺激眼睛。长时间面对电子产品，双眼会充血、干涩甚至疼痛，最终导致视力下降。第二，有些人沉迷于看电视，会对工作、学习以及人际交往产生不良的影响。有些人熬夜看电视，第二天精神萎靡、无精打采，工作、学习效率低下。有些人看电视上瘾了，与他人交往的欲望降低，交流的机会随之大幅减少。久而久之，交际能力下降，还可能面临自我封闭的问题。

综上所述，看电视有利有弊。最大的益处是帮助人们开阔视野，满足不同人群的需要。不可否认，也会产生一些弊端，最主要的是不利于人们的身体健康，减少人际交流。其实，造成危害的主要原因在于人们没有合理地安排看电视的时间。如果能有节制地看电视，比如把每天看电视的时间限定为 1～2 小时，那么看电视利大于弊。

看电视的好处与坏处
第一个好处： 具体说明：
第二个好处： 具体说明：
第一个坏处： 具体说明：
第二个坏处： 具体说明：

十二、评价学生作业段落。

下面是一位学生写的《谈谈在线上课的利弊》主体部分的一段。请根据下面的五个评价标准评价这段话。

　　在线上课有各种好处。第一,在线上课时学生马上能进入教室,因此可以节省不少时间、交通费和住宿费。疫情发生之前,不管是什么天气,有课的时候学生必须背着包,往返于家与学校之间。这段路程需要花费不少时间,如果家离学校比较远,每天的交通费也是一笔不小的金额。对于那些在外租房或住宿舍的学生,还需要支付住宿费。而采取在线上课的方式,可以省去不少时间与金钱,学生完全可以把省下的时间、金钱用于别的用途,例如自主学习、吃早餐或多睡一会。第二,在线上课系统各种各样的功能可以帮助学生们学习。比如,老师通过共享屏幕的功能向学生展示学习的内容,老师使用录像功能录制课堂讲解,便于学生课后复习。这些都是在线功能的独特之处。

评价标准:
(1) 中心句是否简单、明确。
(2) 每个好处的第一句话是否合适。
(3) 是否从不同方面具体说明一个好处。
(4) 一个好处的说明是否具体、充分。
(5) 两个好处的字数是否差不多。

评价与修改:

_____

_____

_____

_____

请扫二维码,观看老师对学生作文片断的点评。

十三、写作知识：如何写议论文的结尾部分？

要点：

（1）结尾的开始要使用表示总结性的词语；

（2）简单总结全文的主要内容；

（3）说明自己的观点，建议是什么。

十四、阅读范文结尾，回答问题。

综上所述，看电视有利有弊。最大的益处是帮助人们开阔视野，满足不同人群的需要。不可否认，也会产生一些弊端，最主要的是不利于人们的身体健康，减少人际交流。其实，造成危害的主要原因在于人们没有合理地安排看电视的时间。如果能有节制地看电视，比如把每天看电视的时间限定为 1～2 小时，那么看电视利大于弊。

（1）找出表示总结性的词语。

_____

_____

_____

（2）作者的观点是什么？

_____

_____

_____

（3）总结了什么内容？

_____

_____

_____

（4）提出了什么建议？

_____

_____

_____

十五、评价学生写的结尾。

下面是学生写的《谈谈在线上课的利弊》的结尾,请评价这段话,并思考如何修改。

在线上课有利有弊。我觉得在线上课很好。因为老师会提前 5 分钟提醒我们上课。还有作业提交的方法比以前简单,非常便利。

评价与修改:

_____

_____

_____

_____

请扫二维码,观看老师对学生作文片断的点评。

十六、完成句子。

1. 无疑

（1）人们要获取世界各地最新最全面的消息,看电视_____是一种省时省力的途径。

（2）在竞选班长时,他无疑是最佳人选,因为_____。

（3）近年来,乱砍树木的情况常有发生,长此以往,_____。

2. 毕竟

（1）世界很大,我们能去的地方_____有限,而有关旅游的节目可以让足不出户的我们在家中就能观赏到异国优美、迷人的风景。

（2）_____,应该让孩子自己决定大学毕业后是工作还是继续学习。

(3) 世界上的很多事情毕竟不是我们能控制的，可以做的就是＿＿＿＿＿＿＿＿

＿＿＿＿＿＿＿＿＿＿＿＿＿＿。

3. 途径

(1) 人们要获取世界各地最新最全面的消息，看电视无疑是一种省时省力的＿＿＿＿。

(2) 你认为＿＿＿＿＿＿＿＿＿＿＿＿＿＿＿＿可以吸引更多更优秀的外国学生

来中国留学？

(3) 看书是我们＿＿＿＿＿＿＿＿＿＿＿＿＿＿＿＿＿＿＿＿＿＿＿＿。

4. 陶醉

(1) 女性关注人与人之间的情感，言情片所创造的浪漫世界让她们＿＿＿＿其中，

可以暂时摆脱平淡无味的现实生活。

(2) 云南丽江优美、迷人的风景＿＿＿＿＿＿＿＿＿＿＿＿＿＿＿＿＿＿。

(3) 周末，他去听了一场音乐会，＿＿＿＿＿＿＿＿＿＿＿＿＿＿＿＿＿

＿＿＿＿＿＿＿＿＿＿。

十七、搭配练习。

(1) ＿＿＿＿了解　　(7) ＿＿＿＿视野

(2) ＿＿＿＿发展　　(8) 负面＿＿＿＿

(3) ＿＿＿＿消息　　(9) 视力＿＿＿＿

(4) ＿＿＿＿风景　　(10) 精神＿＿＿＿

(5) ＿＿＿＿需求　　(11) 效率＿＿＿＿

(6) ＿＿＿＿事件

十八、请用书面语改写下面句子中画线的部分。

(1) 现代社会，随着网络的<u>被越来越多地使用</u>，各种电子产品应运而生。

答案：＿＿＿＿＿＿

(2) 看电视一方面成为人们不可或缺的休闲活动，另一方面对人们的生活产生<u>一</u>

<u>些坏处</u>。

答案：＿＿＿＿＿＿

（3）我们在家中就能<u>看到</u>异国<u>好看</u>、<u>漂亮</u>的风景。

答案：＿＿＿＿＿＿、＿＿＿＿＿＿、＿＿＿＿＿＿

（4）各类纪录片展示了丰富的自然、科学、历史知识，让人们的视野更加<u>广大</u>。

答案：＿＿＿＿＿＿

（5）看电视带给我们的<u>不好方面</u>也<u>不能不注意</u>。

答案：＿＿＿＿＿＿、＿＿＿＿＿＿

（6）有些人因为看电视<u>太爱看了</u>，<u>控制不住自己</u>，与他人交流的机会<u>少了很多</u>。

答案：＿＿＿＿＿＿、＿＿＿＿＿＿

（7）最大的<u>好处</u>是帮助人们开阔视野，满足不同人群的需要。

答案：＿＿＿＿＿＿

十九、四字词练习。

（1）好处比坏处多

答案：＿＿＿＿＿＿

（2）坏处比好处多

答案：＿＿＿＿＿＿

（3）有好处也有坏处

答案：＿＿＿＿＿＿

（4）看电视是<u>不可以缺少</u>的休闲方式。

答案：＿＿＿＿＿＿

（5）现代社会，随着网络的普及，各种电子产品<u>适应时代而产生</u>。

答案：＿＿＿＿＿＿

（6）人们<u>不走出家门</u>就可以观赏到异国优美迷人的风景。

答案：＿＿＿＿＿＿

（7）节省时间，节省精力

答案：＿＿＿＿＿＿

（8）看电视可以让人暂时摆脱<u>无聊</u>的现实生活。

答案：＿＿＿＿＿＿

二十、议论文《谈谈……的利弊》的写作要点。

开头	是否写清楚了背景，背景从大到小？
	是否提出了讨论的问题？
中间两段	每段内容是否明显比开头和结尾多？
	是否有中心句？中心句是否明确？
	每段是否有层次？（2~3 个好处或坏处）
	每个好处或坏处是否具体说明？
	两段之间，每段中是否有表示逻辑关系的连接词？
结尾	第一句话是否有表示总结性的词语？
	是否写出了你的观点？
	是否简单总结了好处和坏处？
	是否写出了建议？

二十一、大作文：谈谈玩网络游戏的利弊。

写作要求：

（1）小组合作写作：建议三个人一组；

（2）文章写四段；

（3）至少使用范文中的 10 个以上词语，请画出；

（4）字数：500 字以上。

参与成员【请注明参与写作的学生名字】

建议：一个人写开头＋结尾，一个人写第二段，一个人写第三段。

第一段写作者：

第二段写作者：

第三段写作者：

第四段写作者：

【第一稿写作区】

在第一稿的基础上，以批注形式修改，并注明修改人名字，写出具体的修改建议。写作者看到修改建议后，对修改进行评价。

具体修改方法：审阅、新建批注，见下图。

请从语言、内容、结构等方面进行修改。

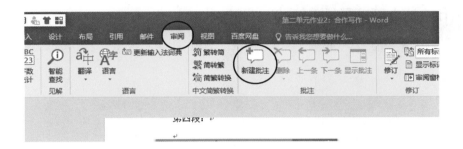

批注的写法如下：

修改人：名字

修改建议：

写作者：名字

对修改的评价：

【最终稿写作区】

评分标准：

总分为 10 分

(1) 结构是否合理(1 分)

(2) 总体而言，内容是否有吸引力(1 分)

(3) 开头写得如何(1 分)

（4）中间主体段落写得如何（3分）

（5）结尾写得如何（1分）

（6）语言整体质量如何（2分）

（7）第一稿和终稿相比，是否有明显的提高（0.5分）

（8）是否每个同学都参与了评价，提出了修改建议（0.5分）

文字评价：

（1）老师最欣赏的一点：＿＿＿＿＿＿＿＿＿＿＿

（2）什么地方可以写得更好：＿＿＿＿＿＿＿＿＿＿＿

二十二、复习。

（一）

通过看电视，可以 1＿＿＿＿＿＿ 人们对世界的了解。在这个高速发展的时代，世界上的每一个角落每一天都在 2＿＿＿＿＿＿ 变化，人们要 3＿＿＿＿＿＿ 世界各地最新最全面的消息，看电视无疑是一种省时 4＿＿＿＿＿＿ 的途径。世界很大，我们能去的地方毕竟 5＿＿＿＿＿＿，而有关旅游的节目可以让 6 足不＿＿＿＿＿＿ 的我们在家中就能观赏到异国优美、7＿＿＿＿＿＿ 的风景。

（二）

有些人 8＿＿＿＿＿＿ 于看电视，会对工作、生活产生不良的 9＿＿＿＿＿＿。有些人 10＿＿＿＿＿＿ 看电视，第二天精神 11＿＿＿＿＿＿，工作 12＿＿＿＿＿＿ 低下。有些人因为看电视 13＿＿＿＿＿＿ 了，与他人交流的机会大幅减少，久而久之，交际能力 14＿＿＿＿＿＿，还可能面临自我 15＿＿＿＿＿＿ 的问题。

单元词语表

1. 家家户户

2. 必备

3. 电器

4. 普及（HSK 六级词）

5. 电子产品（产品：HSK 五级词）

6. 应运而生

7. 不可或缺

8. 休闲活动（休闲：HSK 五级词）

9. 弊端（HSK 六级词）

10. 损害

11. 利大于弊；弊大于利；有利有弊；各有利弊

12. 加深了解

13. 每时每刻（时刻：HSK 五级词）

14. 获取

15. 世界各地

16. 无疑

17. 省时省力（节省：HSK 五级词）

18. 途径（HSK 六级词）

19. 足不出户

20. 观赏

21. 时事（HSK 六级词）

22. 言情片

23. 陶醉（HSK 六级词）

24. 暂时

25. 摆脱（HSK 六级词）

26. 平淡无味

27. 频道（HSK 五级词）

28. 纪录片（纪录：HSK 五级词）

29. 视野（HSK 六级词）

30. 开阔（HSK 六级词）

31. 负面影响

32. 不容忽视（忽视：HSK 五级词）

33. 疲惫不堪（疲惫：HSK 六级词，不堪：HSK 六级词）

34. 沉迷于

35. 精神萎靡（精神：HSK 五级词）

36. 无精打采（HSK 六级词）

37. 效率低下（效率：HSK 五级词）

38. 上瘾（HSK 六级词）

39. 欲望（HSK 六级词）

40. 久而久之

41. 不可否认（否认：HSK 五级词）

42. 节制（HSK 六级词）

43. 把……限定为

学习目标：

(1) 学会使用书面语报告调查结果；

(2) 学会对调查结果进行简单评论；

(3) 学会合理安排文章的结构。

一、我们要写一篇文章，题目是《关于留学生每月消费情况的调查》，根据表 11-1，你们认为文章的结构应该怎么安排？一共有几段？每段写什么？

表 11-1 在上海的留学生每月消费情况

消费项目	占总费用的百分比	消费项目	占总费用的百分比
饭费	20％	娱乐费	10％
房租（含水电费）	58％	购物费	9％
交通费	3％	总费用	7 360 元

结构：共_____段

每段的内容：

开头：

_____

_____

_____

120

中间＿＿＿＿＿段：

＿＿＿＿＿＿＿＿＿＿＿＿＿＿＿＿＿＿＿＿＿＿＿＿＿＿＿＿

＿＿＿＿＿＿＿＿＿＿＿＿＿＿＿＿＿＿＿＿＿＿＿＿＿＿＿＿

＿＿＿＿＿＿＿＿＿＿＿＿＿＿＿＿＿＿＿＿＿＿＿＿＿＿＿＿

结尾：

＿＿＿＿＿＿＿＿＿＿＿＿＿＿＿＿＿＿＿＿＿＿＿＿＿＿＿＿

＿＿＿＿＿＿＿＿＿＿＿＿＿＿＿＿＿＿＿＿＿＿＿＿＿＿＿＿

＿＿＿＿＿＿＿＿＿＿＿＿＿＿＿＿＿＿＿＿＿＿＿＿＿＿＿＿

二、在看范文以前，请完成填空。

为了了解留学生的生活消费情况，我们对 50 名学生进行了调查。1＿＿＿＿＿＿＿调查，在上海每人每月的生活费 2＿＿＿＿＿＿＿7 360 元。消费项目 3＿＿＿＿＿＿＿饭费、房租(含水电费)、交通费、娱乐费和购物费。从 4＿＿＿＿＿＿＿可以看出，5＿＿＿＿＿＿＿项目分别 6＿＿＿＿＿＿＿总费用的 20％、58％、3％、10％和 9％。

三、阅读范文第一遍，完成练习。

范文：关于留学生每月消费情况的调查

为了了解留学生的生活消费情况，我们对 50 名学生进行了调查。根据调查，在上海每人每月的生活费共计 7 360 元。消费项目包括饭费、房租(含水电费)、交通费、娱乐费和购物费。从图表可以看出，以上项目分别占总费用的 20％、58％、3％、10％和 9％。

调查结果显示，留学生最大的支出是房租和饭费，前者占 58％，后者占 20％，两者一共占总费用的 78％。房租高是因为学生为了节省来学校的时间，选择在学校附近租房住，而学校地处市中心，房租都特别高。随着上海的发展，来上海工作、学习的人会越来越多，估计房租将日益上涨。饭费高是因为留学生一般不自己做饭，经常去餐馆用餐或叫外卖，这要支付不少费用。

值得注意的是娱乐费和购物费相近,分别占总费用的 10% 和 9%。留学生每月在娱乐、购物上各花费 700 元左右,金额并不算高。大部分留学生是年轻人,娱乐活动是必不可少的,不过大家深知来中国最重要的是学习,所以减少了不必要的娱乐花销。购物费之所以不多,是因为留学生常常上网购物。在中国,淘宝、京东等购物网不仅提供多样的商品,价格还比实体店便宜,更重要的是顾客七天内可以无理由退回或更换商品。

另一个值得注意的现象是,在所有消费项目中交通费最低,仅占总费用的 3%,远远低于其他消费项目。在上海,不管是坐地铁、公共汽车还是出租车,价格都不贵。而且学校里、地铁站附近停放着共享单车,如果距离不是很远,骑自行车不失为一个很好的选择,既能节省时间,又能锻炼身体,还能欣赏路边的风景。

从调查可以发现,留学生在上海的生活费比较高。为了控制总费用,可以减少房租和饭费。为了节省房租,留学生可以住在大学宿舍或者找室友合租校外的房子。至于饭费,留学生可以在大学餐厅用餐,用餐时还可以跟中国学生练习汉语。

(1) 注意范文的结构;

(2) 阅读文章第一段,与你们完成的填空练习做比较;

(3) 找出范文中表示"钱"的词语以及与"钱"搭配的动词。

钱:

动词＋(钱)

四、完成句子。

1. 分别

(1) 从图表可以看出,饭费、房租(含水电费)、交通费、娱乐费和购物费_____占总费用的 20％、58％、3％、10％和 9％。

（2）昨天,他带孩子去医院检查了视,左右眼_____。

（3）奥运会上夺得金牌、银牌和铜牌的选手回国后将_____10 万、5 万和 2 万美元的奖金。

2. 前者……后者……

（1）调查结果显示,留学生最大的支出是房租和饭费,_____占 58％,_____占 20％,两者一共占总费用的 78％。

（2）玛丽和安娜是双胞胎,她们长得几乎一模一样,但性格截然不同,前者_____
_____,后者_____。

（3）A：如果有一份工作你很喜欢,但工资不太高,而另一份工作工资比较高,但你不太喜欢。你会选择哪个工作? 为什么?
B：我会选择_____,因为_____。

3. 远远……于

（1）在所有消费项目中交通费最低,只占总费用的 3％,_____低于其他消费项目。

（2）他大学毕业后在一家世界 500 强公司工作,收入_____同时毕业的同学。

（3）她虽然只学了一年半的汉语,但是_____。

4. 日益

（1）随着上海的发展,来上海工作、学习的人会越来越多,估计房租将_____
_____。

（2）他的病情_____,体重从原来的 150 斤下降到 115 斤。

（3）随着中国经济的发展,人们生活水平的提高,_____。

5. 既……又……还……

（1）骑自行车_____能节省时间,_____能锻炼身体,_____能欣赏路边的风景。

（2）留学生可以在大学餐厅用餐，_____

____，用餐时还可以跟中国学生练习汉语。

（3）现在，有越来越多的人选择出国留学，因为留学_____

_____。

五、段落写作。

写作要求：

模仿范文的第一段，根据表 11－2，写出 2017 年上海公共交通总体使用情况。

表 11－2　2017 年上海公共交通使用情况

2017 年上海公共交通	人数百分比	2017 年上海公共交通	人数百分比
公共汽车	33.5％	地铁	54％
出租车	11.7％	轮渡	0.8％

（数据来源：上海市统计局）

语言：请使用下面的词语

根据……调查	出行方式	以上
分别占	包括	图表

评分标准：

总分为 5 分

（1）内容是否完整（2 分）

（2）语言总体使用质量如何（3 分）

六、评价学生作业中的句子。

以下是学生作业中三个有问题的句子，可以如何修改。

（1）我们对上海的人们进行了调查。

_____

_____

（2）根据我们的调查,在上海人们的出行方式有四种,包括公共汽车、出租车、地铁和轮渡。

_____

_____

（3）以上出行方式分别占总体使用的 33.5％、11.7％、54％和 0.8％。

_____

_____

请扫二维码,观看老师对学生作文片断的点评。

七、阅读范文第二遍,注意报告调查结果的词句,完成下面的练习。

（1）根据对我们班留学生的_____,在上海每人每月的生活费共计 7 360 元。

（2）从_____可以看出,饭费、房租(含水电费)、交通费、娱乐费和购物费分别占总费用的 20％、58％、3％、10％和 9％。

（3）调查结果_____,留学生最大的支出是房租和饭费。

（4）值得_____是,娱乐费和购物费相近,分别占总费用的 10％和 9％。

八、填空练习。

补充语言：学习报告调查结果的词句。

据统计　统计数字表明　　调查(结果)发现/显示/表明
从调查可以得出这样的结论

（1）调查结果_____,中学生的"追星"现象非常普遍。

（2）据_____,在从事 IT 行业的人员中 30 岁以下的年轻人占 90％左右。

（3）调查_____,香港青少年喜爱的偶像主要是演艺界名人。

（4）统计数字_____,在北京,私人购买汽车的数量已占汽车销售总量的 80％。

（5）从调查可以_____：女性文盲的比例大大高于男性。

(6) 调查结果＿＿＿＿＿＿＿，与爸爸相比，妈妈和善、忙家务、关心孩子，与孩子的感情
   距离更近。

九、请用书面语改写下面句子中画线的部分。

(1) 随着上海的发展，来上海工作、学习的人会越来越多，估计房租将越来越贵。
   答案：＿＿＿＿＿＿＿

(2) 留学生每月在娱乐、购物上各花费 700 元左右，钱并不算高。
   答案：＿＿＿＿＿＿＿

(3) 大部分留学生是年轻人，娱乐活动是一定不可以少的。
   答案：＿＿＿＿＿＿＿

(4) 在所有消费项目中交通费最低，只占总费用的 3％，比其他消费项目低很多。
   答案：＿＿＿＿＿＿＿

(5) 学校里、地铁站附近停放着大家都可以使用的自行车，如果距离不是很远，骑
   自行车也可以算是一个很好的选择。
   答案：＿＿＿＿＿＿＿＿、＿＿＿＿＿＿＿

十、大作文：关于大学生每月消费情况的调查。

调查要求：（二选一）

● 调查 30 人，3 个不同国家（一组是中国大学生），每个国家 10 人。

● 调查某个国家一个大学的学生至少 40 人，20 个男生，20 个女生。

写作要求：

(1) 模仿范文的结构；

(2) 报告结果，分析原因，表达自己看法；

(3) 除了报告总体的结果，还要比较不同国家学生或男女生的消费差别；

(4) 在文章前面画两张表，一张表示总体消费情况。一张表示不同国家学生的消
   费情况或男女生的消费差别（可参考表 11 - 3、表 11 - 4 或表 11 - 5）；

(5) 字数：500 字以上；

(6) 至少使用范文中的 10 个以上词语，请画出。

表 11 - 3　总体消费情况

消费项目	饭费	房租 (含水电费)	交通费	购物费	娱乐费
每项费用	元	元	元	元	元
每项费用占总费用的百分比	％	％	％	％	％
总费用	共计　　　元				

表 11 - 4　不同国家学生的消费情况

	中国		国家 2		国家 3	
饭费	元	％	元	％	元	％
房租(含水电费)						
交通费						
购物费						
娱乐费						
总费用						

表 11 - 5　男女学生的消费情况

	男生		女生	
饭费	元	％	元	％
房租(含水电费)				
交通费				
购物费				
娱乐费				
总费用				

评分标准：

总分为 10 分

(1) 结构是否合理(2 分)

(2) 内容是否完整(1 分)

(3) 原因分析是否合理(2 分)

（4）各国学生或男女生的情况比较是否合理（2分）

（5）语言整体质量如何（3分）

文字评价：

（1）老师最欣赏的一点：＿＿＿＿＿＿＿＿＿

（2）什么地方可以写得更好：＿＿＿＿＿＿＿＿

十一、评价学生作业段落。

下面是学生作业中的一个段落，请评价哪些地方写得好？哪些地方需要修改？

支出排在第二和第三位的消费项目是饭费和娱乐费，前者费用是21％，后者费用是14％。饭费高的原因是大学生常常去小酒馆用餐，在小酒馆吃饭的话，一次要花150人民币左右。从表可以看出来，女学生比男学生的饭费低，原因就是女学生比较喜欢自己做饭，不太去喝酒。娱乐费的用途很广，比如跟朋友去咖啡店聊天，泡温泉，卡拉OK唱歌，去旅游等等。虽然各个娱乐形式的金额不算高，但是各项累积起来，也是一笔不小支出。

评价与修改：

＿＿＿＿＿＿＿＿＿＿＿＿＿＿＿＿＿＿＿＿＿＿＿＿＿＿

＿＿＿＿＿＿＿＿＿＿＿＿＿＿＿＿＿＿＿＿＿＿＿＿＿＿

＿＿＿＿＿＿＿＿＿＿＿＿＿＿＿＿＿＿＿＿＿＿＿＿＿＿

＿＿＿＿＿＿＿＿＿＿＿＿＿＿＿＿＿＿＿＿＿＿＿＿＿＿

请扫二维码，观看老师对学生作文片断的点评。

十二、复习。

　　调查结果 1＿＿＿＿＿＿，留学生最大的 2＿＿＿＿＿＿是房租和饭费，前者占 58％，3＿＿＿＿＿＿占 20％，4＿＿＿＿＿＿一共占总费用的 78％。房租高是因为学生为了 5＿＿＿＿＿＿来学校的时间，选择在学校附近租房住，而学校 6＿＿＿＿＿＿市中心，房租都特别高。随着上海的发展，来上海工作、学习的人会越来越多，估计房租将日益 7＿＿＿＿＿＿。饭费高是因为在上海不仅有中国各地的 8＿＿＿＿＿＿，还有世界各国的美食，留学生一般不自己做饭，经常去餐馆用餐或叫 9＿＿＿＿＿＿，这要支付不少费用。

　　10＿＿＿＿＿＿注意的是娱乐费和购物费相近，分别占总费用的 10％和 9％。留学生每月在娱乐、购物上各花费 700 元左右，11＿＿＿＿＿＿并不算高。大部分留学生是年轻人，娱乐活动是 12 必不＿＿＿＿＿＿的，不过大家深知来中国最重要的是学习，所以减少了不必要的娱乐 13＿＿＿＿＿＿。购物费之所以不多是因为留学生常常上网购物。在中国，淘宝、京东等购物网不仅 14＿＿＿＿＿＿多样的商品，价格还比 15＿＿＿＿＿＿便宜，更重要的是顾客七天内可以无理由 16＿＿＿＿＿＿或更换商品。

单元词语表

1. 根据……调查

2. 共计（HSK 五级词）

3. 从图表可以看出（图表：HSK 七～九级词）

4. 分别占……％（占：HSK 六级词）

5. 调查结果显示

6. 支出（HSK 五级词）

7. 前者……后者……（前者：HSK 七～九级词；后者：HSK 七～九级词）

8. 两者

9. 地处

10. 日益（HSK 七～九级词）

11. 上涨（HSK 五级词）

12. 用餐

13. 叫外卖

14. 花费（HSK 六级词）

15. 值得注意的（现象）是，……

16. 金额（HSK 六级词）

17. 必不可少（HSK 七～九级词）

18. 花销

19. 实体店（实体：HSK 七～九级词）

20. 退回（HSK 七～九级词）

21. 更换（HSK 五级词）

22. 远远……于（远远：HSK 六级词）

23. 停放（HSK 七～九级词）

24. 共享单车（共享：HSK 五级词）

25. 不失为

26. 既……又……还……

27. 节省

28. 出行方式（出行：HSK 六级词）

学习目标：

(1) 学会使用书面语报告调查结果的变化；

(2) 学会对调查结果的变化进行简单评论；

(3) 学会合理安排文章的结构。

一、根据信息构思调查报告内容。

根据表 12-1 和表 12-2，如果要写一篇调查报告，题目是"中国人春节出游住宿情况调查"，文章可以安排成五段。开头写春节越来越多的中国人选择外出旅游，调查显示旅游花销中有各种各样的项目，而住宿费发生了不小的变化。结尾总结这次调查得出的最重要的结论。中间写三段，你们认为每段应该写什么？

中间三段：

1.

2.

3.

表 12-1　住宿费占旅游总费用的百分比

年份	2014 年	2015 年	2016 年
住宿	13%	20%	28%

表 12‑2　不同住宿方式的人数百分比

年份	2014 年	2015 年	2016 年
酒店	75％	58％	49％
民宿	15％	22％	30％
其他	10％	20％	21％

二、根据表 12‑1 完成填空练习。

　　一个 1_____ 的变化是游客在住宿上的 2_____ 逐年增加。2014 年住宿费占旅游总花销的 13％,2015 年比 2014 年 3_____ 了 7％,4_____ 20％,2016 年又在 2015 年的基础上增加了 8％,达到 28％,是 2014 年的 5_____ 多。可能的原因有 6_____ 两个:第一,游客对住宿条件的要求变得更高,追求高 7_____ 的住宿环境;第二,春节时靠近旅游景区的酒店会 8_____ 房价,自然需要支付更多的费用。

三、阅读范文,完成练习。

范文: 中国人春节出游住宿情况调查

　　随着经济的发展,人们消费观念的改变,春节回家过年的方式正慢慢地被出门旅游所代替。出门旅游是一项大的支出,包括购物、住宿、交通、景点门票、吃饭等消费项目。某家旅游机构对全国游客 2014～2016 年春节出游的消费情况进行了调查,发现三年来游客在住宿方面的消费情况发生了不小的变化。

　　一个显著的变化是游客在住宿上的投入逐年增加。2014 年住宿费占旅游总花销的 13％,2015 年比 2014 年增加了 7％,增加到 20％,2016 年又在 2015 年的基础上增加了 8％,达到 28％,是 2014 年的 2 倍多。可能的原因有以下两个:第一,游客对住宿条件的要求变得更高,追求高品质的住宿环境;第二,春节时靠近旅游景区的酒店会上调房价,入住高级酒店自然需要支付更多的费用。

　　另一个显著的变化是越来越少的人选择住在酒店。2014 年 75％的游客选择住在酒店,2015 年人数减少了 17％,变成 58％,2016 年人数继续下滑,比 2015 年减少 9％,比 2014 年整整下降了 26％,降至 49％。酒店分为两类:经济型酒店和星级酒店。经济型酒店设施比较陈旧,酒店之间同质化严重,缺乏竞争优势。而星级酒店的房间价格不菲,如果家庭出行人数较多,加之出游时间较长,住宿费用将是一笔非常大的开支,因此星级酒店通常不是游客的最佳选择。

　　值得注意的是,选择住在民宿的游客逐年增长。2014 年仅有 15％的人入住民宿,2015 年人数增加 7％,变成 22％,2016 年又在 2015 年的基础上上升了 8％,达到 30％,是 2014 年的 2 倍。一方面,相比星级酒店,民宿价格更便宜,房间的布局更适合家庭入住,方便游客照顾老人、孩子。另一方面,越来越多的游客不选择走马观花、行程紧张的跟团游,而选择自由行,自由行的人追求深度旅游,希望融入当地生活,感受当地风土人情,而民宿这一住宿方式可以满足游客的需求。

　　从调查可以得出这样的结论:中国人春节出游无论是住宿支出还是住宿方式都发生了显著的变化。住宿费在旅游总费用中所占的比例逐年上升。越来越少的游客选择住在酒店,反之,越来越多的游客选择住在民宿。

(1) 为范文列出一个提纲。

_____

_____

_____

(2) 找出前面填空练习的答案。

_____

_____

_____

（3）分析范文第二～四段共同的写作层次。

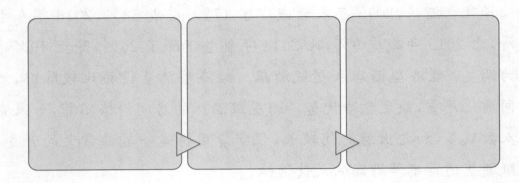

四、阅读范文第三、四段，找出表示数量变化的词句，并完成填空练习。

（1）另一个_____的变化是越来越少的人选择住在酒店。

（2）2014 年 75％的游客选择住在酒店，2015 年人数_____17％，变成 58％，2016 年人数继续_____，比 2015 年减少 9％，比 2014 年整整_____26％，降至 49％。

（3）值得注意的是，2014—2016 年选择住在民宿的游客_____增长。

（4）2014 年_____有 15％的人入住民宿，2015 年人数_____7％，变成 22％，2016 年又在 2015 年的基础上_____了 8％，_____30％，是 2014 年_____的。

五、段落写作。

根据表 12-3 的数字写一段话（请模仿范文第二段），150 字左右。

表 12-3　中国出境游人数

年份	2006 年	2011 年	2016 年
中国出境游人数	5 千万	7 千万	1 亿 3 千万

注意写作层次：

总体变化→不同时间的数字（互相比较）→原因分析

评分标准：

总分为 5 分

（1）内容是否完整（1 分）

（2）原因分析是否合理（2分）

（3）语言整体质量如何（2分）

六、评价学生作业段落。

下面是一位同学的作业段落,请评价哪些地方还写得不够好,并尝试修改。

可能的原因有以下两个：第一,随着中国经济发展,国民的收入增加,人们的生活水平提高了;第二,不少国家为了吸引中国游客,缓和颁发签证的条件,中国游客与以前相比,可以自由自在地去国外旅游。

评价与修改：

_____

_____

_____

_____

请扫二维码,观看老师对学生作文片断的点评。

七、补充学习：词语 ＋ 数字。

选词填空

1. 达到　超过　不足　平均　共计

（1）根据调查,在上海留学生每人每月的生活费_____7 360 元。消费项目包括饭费、房租(含水电费)、交通费、娱乐费和购物费。

（2）从 1990 年到 2000 年,开私家车出行的人数从 10％增加到 15％,2010 年又在 2000 年的基础上增加了 5％,_____20％。

（3）开班的最低人数是 10 人,_____10 人不开班。

（4）这个班的英语期末考试_____成绩 81.5 分。_____

2. 高达　多达　长达

（1）如果指控成立,他将面对_____15 年的监狱生活。

（2）世界第一巨人_____2 米 74,打破人类身高的最高纪录。

（3）到 2030 年,_____8 亿人的工作岗位可能被机器人取代。

3. 增加　上升　提高　增长

（1）近年来,选择住在民宿的游客逐年_____。

（2）初级班的留学生人数比去年_____30 人。

（3）他的英语水平_____得很快,期中成绩只是班级中等水平,第 19 名,而期末
　　成绩_____了 14 名,排在班级第五名。

（4）天气转暖,预计明天的气温将比今天_____3 度。

4. 减少　下降　降低　下滑　降至

（1）2014 年 75％的游客选择住在酒店,2015 年人数_____了 17％,变成 58％,
　　2016 年人数继续_____,比 2015 年减少 9％,比 2014 年整整_____了
　　26％,_____49％。

（2）初中三年,他视力_____得非常厉害,双眼从 0.8 变成了 0.4。

（3）今年,全校毕业人数比去年_____了 25 人。

（4）你会因为找不到合适的另一半,而_____择偶的标准吗?

八、请用书面语改写下面句子中画线的部分。

（1）出门旅游是一项大的花的钱,包括购物、住宿、交通、景点门票、吃饭等消费
　　项目。

　　答案：_____

（2）一个显著的变化是游客在住宿上的花的钱逐年增加。

　　答案：_____

（3）2014 年住宿费占旅游总花的钱的 13％,2015 年比 2014 年增加了 7％,增加到
　　20％。

答案：＿＿＿＿＿＿＿

(4) 春节时靠近旅游景区的酒店会上调房价,自然需要<u>花</u>更多的费用。

答案：＿＿＿＿＿＿＿

(5) 经济型酒店设施比较<u>旧</u>,酒店之间同质化严重,缺乏竞争优势。

答案：＿＿＿＿＿＿＿

(6) 星级酒店的房间价格<u>贵</u>,如果家庭出行人数较多,加之出游时间较长,住宿费
用将是一笔非常大的<u>钱</u>。

答案：＿＿＿＿＿＿＿

九、大作文：中国人春节出游消费情况调查。

写作要求：

(1) 根据表 12 - 4 的结果写作文；

(2) 结构：写四段,请参考范文；

(3) 字数：500 字以上；

(4) 语言：至少使用范文中的 10 个以上词语,请画出。

表 12 - 4　购物费、旅行社团费占旅游总费用的百分比

年份	2014 年	2015 年	2016 年
购物费/旅游总费用	38％	57％	59％
旅行社团费/旅游总费用	29％	18％	11％

评分标准：

总分为 10 分

(1) 整篇作文的结构是否合理(1 分)

(2) 结果报告是否全面、准确(2 分)

(3) 原因分析是否合理(2 分)

(4) 段落内部结构是否合理(2 分)

(5) 语言整体质量如何(3 分)

文字评价：

（1）老师最欣赏的一点：_____

（2）什么地方可以写得更好：_____

十、评价学生作业段落。

下面是一位学生作业中的一段，请评价哪些地方还写得不够好，并尝试修改。

与跟团游相比，现在很多人更喜欢自由行。自由行的游客能随意安排行程，自己感兴趣的景点可以停留更多时间。而旅行社安排很多景点，行程很紧张，只是走马观花地游览景点。

评价与修改：

_____

_____

_____

_____

请扫二维码，观看老师对学生作文片断的点评。

十一、复习。

经济型酒店 <u>1_____</u> 比较陈旧，酒店之间同质化严重，缺乏竞争 <u>2_____</u>。而星级酒店的房间价格 <u>3_____</u>，如果家庭出行人数较多，加之出游时间较长，住宿费用将是一笔非常大的 <u>4_____</u>，因此星级酒店通常不是游客的 <u>5_____</u> 选择。

一方面，相比星级酒店，民宿价格更便宜，房间的布局更适合家庭入住，方便游客照顾老人、孩子。另一方面，越来越多的游客不选择 <u>6 走马</u>

_____、行程 7_____ 的跟团游,而选择自由行,自由行的人追求深度旅游,希望 8_____ 当地生活,感受当地 9 风土_____,而民宿这一住宿方式可以 10_____ 游客的需求。

单元词语表

1. 消费（HSK 五级词）
2. 代替
3. 支出（HSK 五级词）
4. 显著的（变化）
5. 投入
6. 逐年
7. 增加
8. 在……基础上
9. 倍
10. 以下
11. 品质
12. 景区（HSK 七～九级词）
13. 上调（HSK 七～九级词）
14. 自然
15. 支付
16. 减少
17. 下滑

18. 下降
19. 降至（至：HSK 五级词）
20. 设施
21. 陈旧（HSK 七～九级词）
22. 同质化
23. 严重
24. 优势
25. （价格）不菲
26. 开支（HSK 七～九级词）
27. 增长
28. 布局（HSK 七～九级词）
29. 走马观花
30. 行程（HSK 六级词）
31. 融入（HSK 六级词）
32. 比例
33. 上升

一、逗号(，)、句号(。)、问号(?)、顿号(、)、感叹号(!)、引号(" ")

1. 真倒霉＿＿＿＿刚买的手机用了三天就丢了＿＿＿＿

2. 他用手指在地上写出一个大大的＿＿＿＿爱＿＿＿＿字＿＿＿＿

3. 过了＿＿＿＿五一＿＿＿＿＿＿＿天气是不是就会一下子热起来＿＿＿＿

4. 他希望孩子懂得＿＿＿＿早起的鸟儿有虫吃＿＿＿＿的道理＿＿＿＿

5. 我觉得她真是越看越好看＿＿＿＿可能是＿＿＿＿情人眼里出西施＿＿＿＿吧＿＿＿＿

6. ＿＿＿＿在家靠父母＿＿＿＿出门靠朋友＿＿＿＿是中国人常说的一句话＿＿＿＿

7. 韩国滑冰选手金妍儿两次获得冬奥会冠军＿＿＿＿被称为＿＿＿＿冰上皇后＿＿＿＿＿＿＿

8. 北京人最爱说的口头语是＿＿＿＿回头再说＿＿＿＿＿＿＿

9. 很早就听说杭州菜餐厅＿＿＿＿外婆家＿＿＿＿的生意很火＿＿＿＿于是上周六我跟朋友一起
去＿＿＿＿外婆家＿＿＿＿徐汇店吃了一顿饭＿＿＿＿

10. ＿＿＿＿滥竽充数＿＿＿＿＿＿＿自相矛盾＿＿＿＿和＿＿＿＿刻舟求剑＿＿＿＿这三个词都是成语
＿＿＿＿

二、逗号(，)、句号(。)、问号(?)、顿号(、)、感叹号(!)、引号(" ")、冒号(：)、破
折号(——)、省略号(……)

1. 她问我＿＿＿＿＿＿＿你周末打算去哪里＿＿＿＿＿＿＿

2. 看到警察来了＿＿＿＿她大声地喊＿＿＿＿＿＿＿救命＿＿＿＿＿＿＿

3. 他写完最后一个字＿＿＿＿高兴地说＿＿＿＿＿＿＿我终于可以睡觉了＿＿＿＿＿＿＿

4. 他这么努力＿＿＿＿是为了实现一个愿望＿＿＿＿成为一名世界级的音乐家＿＿＿＿

5. 他失望地站在车站＿＿＿＿看着汽车越开越远＿＿＿＿越开越远＿＿＿＿

6. 来中国的时候＿＿＿妈妈反复对我说＿＿＿＿＿一定要注意身体＿＿＿＿＿

7. 大家问她昨天为什么没来参加晚会＿＿＿她说＿＿＿＿＿哎呀＿＿＿我忘记了＿＿＿＿＿

8. 我们按照网友的推荐点了他们的两个招牌菜＿＿＿外婆红烧肉和茶香鸡＿＿＿

9. 颐和园＿＿＿北海＿＿＿香山＿＿＿长城＿＿＿十三陵＿＿＿到处都可以看到来自世界各地的游人＿＿＿

三、逗号(，)、句号(。)、问号(？)、顿号(、)、感叹号(！)、引号(" ")、冒号(：)、破折号(——)、省略号(……)、书名号(《　》)、分号(；)

1. ＿＿＿学汉语＿＿＿是该校留学生自己办的报纸＿＿＿

2. 在家里＿＿＿他是我的爸爸＿＿＿在学校＿＿＿他是我的老师＿＿＿

3. ＿＿＿祝你生日快乐＿＿＿这首歌人人都会唱＿＿＿

4. ＿＿＿关于留学生入学的规定＿＿＿已经通过邮件发给各地的申请人＿＿＿

5. 她哭着说＿＿＿＿＿刚才手机还在这儿＿＿＿可是＿＿＿＿＿

6. 我从很小的时候起就有一个愿望＿＿＿到中国看看＿＿＿

7. 这学期我选了很多选修课＿＿＿有＿＿＿中国书法＿＿＿＿＿中国哲学＿＿＿＿＿＿＿中国历史＿＿＿等＿＿＿

8. 你可以试试以下的避暑方式＿＿＿夜晚到黄浦江边散步＿＿＿欣赏美丽的夜景＿＿＿周末到世纪公园划船＿＿＿享受绿色的大自然＿＿＿

9. 我的男朋友是个浪漫的人＿＿＿我生日的时候＿＿＿他会送我99朵玫瑰花＿＿＿我心情不好的时候＿＿＿他会陪我在雨中漫步＿＿＿情人节的时候＿＿＿他会带我去吃烛光晚餐＿＿＿

1. 来上海已经两年了，我＿＿＿＿＿＿＿外滩＿＿＿＿＿＿＿没有去过。

2. 人＿＿＿＿＿＿＿有一项长处＿＿＿＿＿＿＿可以了。

3. 事情＿＿＿＿＿＿＿已经发生了，你生气＿＿＿＿＿＿＿没有用。

4. 他们＿＿＿＿＿＿＿在生活上关心我，＿＿＿＿＿＿＿在学习上帮助我。

5. 这家宾馆的房间＿＿＿＿＿＿＿便宜＿＿＿＿＿＿＿干净。

6. ＿＿＿＿＿＿＿我们俩说了很多，他＿＿＿＿＿＿＿不相信这件事是真的。

7. 我认为＿＿＿＿＿＿＿先尊重别人，＿＿＿＿＿＿＿可以赢得别人的尊重。

8. ＿＿＿＿＿＿＿所有人反对，我＿＿＿＿＿＿＿要和她结婚。

9. ＿＿＿＿＿＿＿在餐厅、咖啡馆还是地铁，人们＿＿＿＿＿＿＿是低着头在和手机交流。

10. 我不会逼孩子学习乐器，＿＿＿＿＿＿＿他自己愿意。

11. 他酷爱旅行，去过亚洲、欧洲、非洲的不少国家，＿＿＿＿＿＿＿还去过南极。

12. 这两天，上海特别冷，从早到晚都得开空调，＿＿＿＿＿＿＿就会冷得什么事也干不了。

13. 我们是同班同学，每天见面时只是点点头，不会多说一句话，＿＿＿＿＿＿＿一起聊天了。

14. 他是一个执行力很强的人，＿＿＿＿＿＿＿确定了目标，＿＿＿＿＿＿＿会在规定的时间去实现目标，做事有始有终，从来不拖拉。

符号	名称	例　　句
，	逗号	（1）真倒霉，刚买的手机用了三天就丢了。 （2）由于天气太热，我的胃口不太好。
。	句号	（1）他不但会说汉语，还会说法语和英语。 （2）学汉语就像跑步，虽然很累，但是让人很有成就感。
？	问号	（1）你周末打算去哪里？ （2）你大学毕业后想找什么样的工作？
、	顿号	（1）我家院子里有桃树、苹果树和梨树。 （2）颐和园、北海、香山、长城、十三陵，到处都可以看到来自世界各地的游人。
！	感叹号	（1）这儿的变化真是太大了！ （2）祝王老师身体健康！
"　"	引号	（1）"滥竽充数""自相矛盾"和"刻舟求剑"这三个词都是成语。 （2）韩国滑冰选手金妍儿两次获得冬奥会冠军，被称为"冰上皇后"。
：	冒号	（1）来中国的时候，妈妈反复对我说："一定要注意身体！" （2）我们按照网友的推荐点了他们的两个招牌菜：外婆红烧肉和茶香鸡。
——	破折号	（1）我从很小的时候起就有一个愿望——到中国看看。 （2）他这么努力，是为了实现一个愿望——成为一名世界级的音乐家。
……	省略号	（1）她哭着说："刚才手机还在这儿，可是……" （2）他失望地站在车站，看着汽车越开越远，越开越远……
《　》	书名号	（1）《学汉语》是该校留学生自己办的报纸。 （2）《关于留学生入学的规定》已经通过邮件发给各地的申请人。
；	分号	（1）在家里，他是我的爸爸；在学校，他是我的老师。 （2）我的男朋友是个浪漫的人。我生日的时候，他会送我99朵玫瑰花；我心情不好的时候，他会陪我在雨中漫步；情人节的时候，他会带我去吃烛光晚餐。

一、并列关系

关联词语	例　　句
也……也……	离毕业还有三个月,她论文也写完了,工作也找到了。
又……又……	爷爷又不喜欢跟人聊天,又不愿意学习用手机,整天一个人在房间看电视。
既……又/也……	这家宾馆的房间既便宜又干净。
一边……一边……	我们一边欣赏着美景,一边悠闲地捡拾海边的贝壳。
一方面……另一方面……	看电视一方面成为人们不可或缺的休闲活动,另一方面对人们的生活产生一些弊端。

二、承接关系

关联词语	例　　句
……就/才……	我听说这个牌子的衣服最近在打折,就去商场买了几件送给男朋友。
	这件事通过记者的报道上了电视,才引起了有关部门的注意。
(先)……然后……	报名汉语课的同学请先去一楼参加水平考试,然后去二楼付费、买书。
一……就……	我肠胃不好,一吃油腻的食物就会拉肚子。
先……接着……	我们先请王教授做主题演讲,接着请李老师和张老师组织大家分组讨论。

三、递进关系

关联词语	例　句
不但/不仅/不光……（而且）还/也……	他们<u>不但</u>在生活上关心我，<u>也</u>在学习上帮助我。
	游泳、慢跑等运动<u>不仅</u>能增加人的耐力，<u>而且还</u>能增强心肺功能，对健康十分有利。
……甚至……	他酷爱旅行，去过亚洲、欧洲、非洲的不少国家，<u>甚至</u>还去过南极。

四、选择关系

关联词语	例　句
要么……要么……	你<u>要么</u>现在跟我走，<u>要么</u>一小时后跟他们走，我不放心把你一个人留在这里。
是……还是……	<u>是</u>先学一点汉语再来中国，<u>还是</u>来了中国再开始学汉语？你有什么建议吗？
不是……就是……	现在的孩子用手机的时间越来越长，<u>不是</u>玩游戏，<u>就是</u>跟朋友聊天。
与其……不如……	五一劳动节我不打算出门旅游，<u>与其</u>去那些人山人海的景点凑热闹，<u>不如</u>一个人待在家里好好看几本书。

五、因果关系

关联词语	例　句
因为……所以……	<u>因为</u>我和丽丽住在同一幢楼，<u>所以</u>我们每天一起去上学。
由于……	<u>由于</u>留学的缘故，我离开了家乡。
之所以……是因为……	购物费<u>之所以</u>不多，<u>是因为</u>留学生常常上网购物。
既然……那么/就/也……	事情<u>既然</u>已经发生了，你生气<u>也</u>没有用。

六、假设关系

关联词语	例　句
如果/要是/假如……就/那么……	如果你喜欢一个人,那么你会主动告诉他/她吗?
	要是遇上下雨,打不了球,我心里就会不舒坦、不踏实。
	假如晚饭吃得太晚,入睡时难以消化,就会导致失眠。
即使……也……	内容无趣的文章,即使语言优美,也称不上是一篇优秀的文章。
哪怕……也……	哪怕所有人反对,我也要和她结婚。

七、条件关系

关联词语	例　句
不管/无论……都/也/总……	无论在餐厅、咖啡馆还是地铁,人们总是低着头在和手机交流。
	在上海,不管是坐地铁、公共汽车还是出租车,价格都不贵。
只要……就……	人只要有一项长处,就足够了。
只有……才……	我认为只有先尊重别人,才可以赢得别人的尊重。

八、转折关系

关联词语	例　句
虽然……但是……	我虽然身高只有 1.75 米,不算高,但是篮球打得棒极了!
……可是……	老兵热衷于音乐,想成为音乐家,可是经济上有困难。
……不过……	旅游时间只有三天,不过我和朋友们玩得很尽兴。
……却……	虽然已经过去了很久,童年发生过的一些事却还是历历在目。
……然而……	小草看上去很柔弱,然而生命力极强。
尽管……但/也……	尽管我们俩说了很多,他也不相信这件事是真的。